宫崎市定人物论

Chugokushi no Meikun to Saisho

〔日〕宫崎市定——著
〔日〕砺波护——编
林千早——译

浙江人民出版社
ZHEJIANG PEOPLE'S PUBLISHING HOUSE

目 录

第一编　大帝与名君

第二编　乱世宰相

第三编　资本家与地方官

第四编　儒家与文人

第一编

大帝与名君

秦始皇

从统一到幻灭

始皇帝（前259—前210年）生于战国末年，十三岁时继承了其父的秦王之位（前247—前210年在位），依次攻灭诸国，统一天下，并自称“皇帝”（前221—前210年为皇帝）。秦代是中国史上最初的大统一时代，同时亦是之后两千余年传承不断的皇帝制度之起源。而在历史学意义上，这次统一，也被认为是东亚诸古代帝国的真正成立。

一　背景

在身为秦王的二十余年间，始皇帝消灭了此前与之对立的六国，统一了天下。这一事业诚然是惊人的，不过当时的社会形势正好在经历一场大转换，而这转换在另一方面也促成了

本篇原题为“秦始皇”，小节划分及标题为中文版编辑所加。全书的“编者注”和“译者注”分别为中文版编辑和译者所加，凡未说明者均为作者宫崎市定的原注。（编者注）

诸侯内战的终焉。回望战乱频发的战国时代，竟然持续了二百年之久，已经是长得有些过分了，而在斯以前，长达三百年的春秋时代亦是战争和混乱之世。因此，在受够了战争的人民中不断高涨的厌战情绪，压过了对战争胜负的执念，人们想要尽早获得和平的愿望也越来越强烈了。

战争的持续一方面对人民来说是一种灾难，而另一方面，却也不能说是一点好处都没有的。中国的古代社会[1]，和西方古代有所相似，存在着拥有完全的市民权以及在国家有难时必须履行组成武装、参与战争之义务的士人阶级，和没有市民权并被排除在政治、军事之外的庶民阶级这两种阶级的对立。而进入战国时代之后，诸国政府为了国防的必要性，不得不求助于庶民阶级之力，庶民们既被征招使役组成军队，政府也就无法阻止他们逐渐成为将校和官吏了，而士人和庶民的区别也就此渐渐消失。在春秋时期，军队指挥官多出自古旧名门，而到了战国时代，战术之进步和对此的专门知识和经验之产生，使得庶民中拥有优秀才能之人也有机会获得这一职位。其中，更出现了职业化的将军，他们受到外国君主的招聘而掌管其国军队，当然因为此种军人忠诚心的微薄，反叛该国君主的行为亦屡见不鲜。这些情况，无疑证明了军队逐渐无国籍化这一

[1] 作者此处的“古代社会”，指的是按其对中国历史四分法所定义的“古代”。参见《宫崎市定中国史》总论第二节“时代区分论”中“我的四分法”：“我的方法在总体上采用四分法，其内容是古代 = 太古至汉代，中世 = 三国至唐末五代，近世 = 宋至清朝灭亡，最近世 = 中华民国以后。”浙江人民出版社，2015 年，第 27 页。（译者注）

趋势。

而同时期的商业也呈现出繁荣景象。中国古代都邑专门设立了所谓的“市”作为商业区域，就如同古希腊的“agorā”和古罗马的“forum”一样，商业的兴隆繁荣了市，也令活跃于市的商人的财富不断增加。这些商人中，有人利用车、船前往异地进行商业活动，也有人买入商品哄抬物价之后贪婪地收取暴利，在如此获得巨大财富之后，他们又成为了接近君主的政治商人，继而更进一步成为政治家。巨商们的活动自然不限于一国之内，他们的生意一直做到了国外，也就形成了所谓的跨国企业，而对这些商人来讲，效忠于某个特定国家的誓言，是毫无必要的。经过商人和军事家活动的无国籍化发展，各诸侯国间的势力对比也变得不稳定起来。一旦其中某个国家的国力稍微强于其他国家，那么这种国力上的差距一定会加速度般地拉大，使春秋以来诸侯国之间的势力平衡彻底崩坏。而秦国的统一事业，正是在这种背景下才能得以实现的。

秦国始于西周孝王（约前 892—前 886 年在位）所封的嬴非子。而其第三十五代国君，正是本名为政的始皇帝之父庄襄王（前 250—前 247 年在位）。在始皇帝即秦王在位的前十年间，宰相吕不韦一直手握大权。此人出身韩国，在赵国国都与始皇之父相识，继而使用其所拥有的金钱在秦国朝廷中活动，为始皇之父谋得了王位，而他也凭借此功业成为了秦国的大臣。同时，亦有传闻说始皇帝并非庄襄王之子，而实为吕不韦之子。

当时秦国的领土以现在的陕西省为中心，不断向东方和南方蚕食邻国，扩张领土。今日的陕西虽然土地贫瘠、经济落后，然而在当时却以农产品丰富的肥沃地带而著称。特别是始皇即位之初，任用了从韩国来的水利工程师郑国，通过兴建灌溉工程，将河水引入本为不毛之地的荒野并将之耕地化，使此地的谷物变得更为丰富。

秦国的都城是离后代之都城长安不远的咸阳，此地亦占据了商业上的特殊地位。恐怕在当时已经存在的丝绸之路，便是通过此地将中国的绢制品输出到西方，并将西方的玉制品输入中国。咸阳之于丝绸之路，便是关口一样的存在。而当时共同的货币，大抵便是黄金吧。当然，除了这座世界性大都市之外，秦国的领土以由农民集团所组成的都邑为主，而秦国政府亦是从这些都邑中征集军队的。秦军队以骑兵众多为特征，军马有一部分出于本国农民于原野间的牧养，因其地理位置的便利性，他们还从北方游牧民族手中购入大量马匹。将秦国人民称为马背上的民族并不适当，然而他们擅长骑兵战术却是事实。

二　统一

公元前 230 年，秦国灭了与其东南接壤的韩国并吞并其土地。韩国虽在诸列强中土地最为狭小，却以武器制造业的兴盛而闻名，并曾以此维系七国间的势力平衡。因此，韩国的灭亡，无疑意味着天下形势之巨大转换的开始。

吞并韩国并接管其“军工厂”的秦国，接着开始压迫位于其东北方、今属山西省的赵国。赵国一向和北方游牧民族接壤，并早早采用了骑兵战术，从这一点上来说甚至比秦国还要先进，而赵国几度击退秦国入侵的英勇事迹，也使其成为了秦国的强大敌人。然而当时的赵国新君暗昧、国政混乱，秦国几度派出远征军，得以趁此机会毫无困难地平定了赵地（前228年）。而攻灭赵国，令秦军之马匹得到了很大的补给。

处于被灭的韩国和赵国之间的则是魏国。事实上此三国都是由一度为春秋霸主的晋国所分出的，而位于其中央位置的魏国为先代周朝的文化所化，可谓中国正统文化的继承者。与之相对，秦国向来属于后进之国，一直在魏国的影响下发展。秦国最初成为强国的契机，亦正是孝公（前362—前338年在位）任用了魏国的亡命者商鞅而推行了国政改革。随后，自魏入秦而成为秦相的张仪，又在秦魏同盟的基础上，将其他诸国纳入了连横的关系之中，让秦国的国际地位更为优越。之后，魏人范雎成为秦相，又提出了远交近攻的策略，首先将矛头指向秦国的邻国，掠其地以为己用。事实上始皇帝正是受到了这一策略的影响，才选择在此时侵略魏国。魏国的军备明显不如其文化先进，在秦军开始攻击后不久，便彻底被征服了（前225年）。

几乎同时，秦国亦着手开辟了另一条战线，开始打击南方长江流域的楚国。楚自春秋以来便称大国，在诸国之中领土最广，物产也最为丰富。虽则当时长江流域的土地还未被开发，人口稀少而生产力低下，完全没有今日所见的繁华之景，不过楚国仍然是真正意义上的大国，秦国不得不动员全部国力，招集了六十万大军奔赴楚地。此时的楚国则因王位继承的纷争而处于人心动摇之中，也正因为领土过于辽阔，一时之间无法集结分散各地的军队。这样一来，秦国得以乘此机会集中兵力攻下了楚地的一座座城池，最终征服了楚国全境（前223年）。

而在此后的第二年，秦国又消灭了位于东北的燕国。燕国虽说是西周王室成员、开国功臣召公所建立的国家，然而实际上却土地贫瘠、国力贫弱，根本无法抵抗秦军。这样一来，剩下的诸侯国便只有位于今山东省的齐国了，齐国为秦国所欺骗，向来遵守与秦立下的互不侵犯条约，毫不介意地旁观了秦国灭亡他国的过程，享受着局外人一般的和平。使用了麻痹策略的秦国，直接派遣攻灭了燕国的军队偷袭入齐，而齐国竟也毫无抵抗地投降了秦军（前221年）。齐是仅次于楚的大国，广有富强之名，其国力更是足以使其诸侯王与秦王互相尊为“东西二帝”，在秦军的攻击下却仍显得如此脆弱。说到“脆弱”，其实不只齐国，其他国家在面临强秦时似乎也是如此“脆弱”的。这对于作为征服者的秦来说，乍看之下或许是侥幸之事，而其实却隐藏着某种巨大的不安。被征服地区并未因连年战祸而荒废，失败者本身也没有什么失败的实感，在全力挣扎之前就早早宣告了战败。这样一来，这些国家便保留了复兴的余裕，对征服者来说则不啻为一种危险，相信始皇帝的政府对这一点应该有所自觉。

三　统治

对始皇帝来说，如何维持这一系列胜利所带来的和平便是当务之急。秦自商鞅变法以来，以法家思想治国，始皇帝的丞相李斯亦是法家思想的信徒。法家将政治的最高使命和政治的源泉都归为君主一人，提倡绝对的君主制并信仰法律的万能主义。始皇帝刚刚统一天下，便废弃了一直以来的王号而改称"皇帝"，从而建立了此后两千余年在中国通行不废的皇帝制度。而所谓"皇帝"，其实并不仅仅是中国人民的统治者，更被认为是全人类的支配者，是不允许有任何对立物存在的。同时，在作为专有名词的"皇帝"前亦不能加有任何限定性的形容词。始皇帝并不是秦的皇帝，而只是皇帝。其中的"始"表示的则是一世的意思，只是为了在其死后表示与下一个皇帝之区别的谥号[1]，皇帝在世时的称号就是"皇帝"。世界上能称为皇帝的只有一人，就连中国以外国家的君主与人民，也全部处

---

① 实际上，秦始皇并没有谥号，他废除了谥法。据《史记·秦始皇本纪》载，秦始皇称："自今已来，除谥法，朕为始皇帝。后世以计数，二世三世至于万世，传之无穷。"（编者注）

于这位皇帝的威权之下。

既然由皇帝直接统治的中国已经统一，也就意味着在此区域内必须推行公平而划一的统治政策。秦政府将全国划为三十六个郡，每个郡下设若干县，郡设郡守，县设县令。县令直接管理人民，而郡守则监督县令。这种制度与古代波斯帝国的萨特拉庇亚（satrapy）行省制有所类似。新制度下的郡守和县令直接由皇帝委任，他们不能如之前封建制下的王公那般享有对土地和人民的私有权。而同时，地方官员也不再是当地人民的代表者，而是作为中央政府的派遣人员，通过中央所制定的法律来管理人民。而秦政府所制定的统一的法律，其实并未考虑到各地域本身的特殊性。秦正是在这一点上招致了地方人民的反感。

战国时期，全国各地都有着自己的制度，其法律、习惯、文字和度量衡也是各自不同的。而始皇帝则用秦国的制度将之全部统一。在这其中最为成功的便是文字的统一。在幅员辽阔的中国境内混合了各种民族，其方言也随着地域的不同而各异，直到今日，南北各地仍然说着互不相通的方言。然而从秦代开始，因文字统一之故，各地区人民才有了相同的经典和文字，可以引用同样的古代典故进行书面交流，从而达到了互相理解的目的。数以亿计的中国人能够在政治和文化上统一，正是建立在文字统一的基础上的，这一点绝不容忽视。

而始皇帝为了加强这种统一，还施行了其他政策。其中之一便是巡幸新帝国之领土的制度，对于将旧时代的诸侯王奉为至高无上的存在的各地人民来说，巡幸不啻为使其了解新皇帝之威权的一种示威。皇帝在其所至的名胜之地亦曾刻石立碑，以炫耀自己之功业及训诫人民，这些石碑的残片也一直流传到了今日。为了巡幸之便，全国各地修建了宽广且植有行道树的大道，同时，作为军用道路，在地方叛乱之时，可以迅速通过这种大道派遣军队。新帝国统治者的这种措施，也与古代波斯的大流士一世所推行的政策有所相似。

始皇帝巡幸至渤海，听闻海上的蓬莱等神山之上有神仙和不死之药，随即命令徐市（一名徐福）率领童男童女数千人前往海上访求不死之药。传说中，入海的徐市最后漂流到了日本。

此后始皇帝继续南巡，渡过长江到达今湖南境内，他在此地得到报告称，位于湘水的南方上游之地，与秦国隔水相望的南越国地临南海，颇多珍奇异宝。皇帝遂在数年的准备之后派出远征军，得到了今广东一带的领土，将之划分为新建的三个郡。需要注意的是，此三郡中的象郡，旧说均以为位于今越南中部，其实应位于今广西壮族自治区的中心地带。

南征固然动摇了国内的安定，令人民疲惫至极，然而比南征更骚扰民心的，是皇帝对北方的经营。内外蒙古之地，自古以来居住着诸多游牧民族，虽说这些游牧民族从西亚的先进文化圈习得骑兵战术的历史并不那么久远，然而一旦获得了这种技术，好战的他们便形成了以匈奴族为中心的强大势力。在北巡之际知晓了他们的强盛之后，始皇帝马上派出三十万大军讨伐匈奴，将其赶往更为遥远的北方地区，并占领了一部分土地，又为了守住这些领土而修建了万里长城。秦长城与后世的长城一样，围起了帝国北方的边界，自西包裹着河套地区，随着阴山山脉，一直穿过辽河，延伸到了东部。

中国人从来都是农耕民族，此前的战争中，对马的使用也仅限于马拉战车，并没有游牧民族那样骑在马上作战的骑兵。而依赖于畜牧业的北方游牧民族则正好与之相反，他们整天骑在马上生活，拥有较高的机动性。也正因此，战国时代的北方诸国为了防御游牧民族的奇袭，曾分别修建长城以自卫。秦帝国亦蹈袭了这种防御手段，可是对秦帝国来说，这一手段相较皇帝制度多少显得有些格格不入。既然皇帝不允许有任何对立面的存在，那么修筑长城以自卫的行为，便是放弃长城以外的土地，进而承认北方存在着对立政权之举。而这也正是皇帝制度所不能达到的界限。

此外，秦政府为了使政权更为牢固，更进一步地对思想进行了统一。春秋以来，各国学问繁荣，自儒家、墨家开始，流行着诸子百家丰富多彩的学说。而其中的法家因为形成时间较晚，在民间的基础最为薄弱，只能依靠政府的强制规定来确保其官学的权势。始皇帝晚年采纳了丞相李斯的建议，禁绝以儒教为首的诸子百家，将除了秦国历史、医学、药学、农业、卜筮之外的其他书籍统统烧毁，只留下法家的相关文献供官吏学习和民间教授。对此政策持有异议的民间学子则被定罪为“诽谤”，秦政府将其中的四百六十人逮捕之后予以活埋。这便是被后世称为始皇帝虐政的“焚书坑儒”。

四　幻灭

最终，无论始皇帝的种种政策是为了强化同一而不得不为，抑或在具体实施上有所失当，其中的大多数政策终究引起了民间的骚乱，招致了人民的反感。始皇帝固然勤于政务，每天都处理着如山的文书，可他并不曾侧耳倾听民间的声音，而只是独断专行，自然免不了在某些事上做得过分。天下统一之际，始皇帝曾徙诸国豪族十二万至国都，用以加强中央而弱化地方的权力。此外他还曾纠集七十万罪人以兴建巨大的工程，包括营造国都的阿房宫和修建位于骊山的他自己的陵墓。陵墓的椁室深入地下，室内上仿天体，下仿地形，以长流的水银仿照大海河川，一旦遭到外部侵入，还会自动发射弩箭。1974年偶然发现的始皇帝陵的一部分，就已经挖掘出了大量战士和军马的塑像。

始皇帝在最后一次南巡返途经过河北之时得病而死（前210年），在位三十八年。历来被认作暴君之代表的他，在当代却受到了不同的评价。诚然，始皇帝艰难地完成了中国的统一，为此后中国的发展指明了方向；废除了此前的奴隶制度，将中国导向封建社会等。始皇帝有在新学说背景下被重新讨论的价值。可我们更需要知道的是，他的政治理念中存在着巨大的缺陷。

始皇帝所信奉的法家学说，建立在人性本恶的观点之上，绝不承认自然的人情世故所带来的弱点，并企图以法律之力量将之杜绝，从不与人民以休息的间隙，而是使之成为政府积极政策的牺牲品。皇帝颁行的法律人民必须严格遵守，而违反者亦必然招致严峻的刑罚。这导致了重刑主义、恐怖政治和秘密政治的产生。法律的源泉既然是皇帝的意志，便没有任何手段可以抑制皇帝那超越法律的绝对权威。也正是在这一点上，存在着一个绝大的制度漏洞。亦即是说，无论皇帝本身是多么唯我独尊，在行使其权力的过程中，仍然需要其身侧助手的协助。而这位身侧的助手，因为常年与皇帝行动一致，在外部看来，其人与皇帝的区别也渐渐地消失了。这种可以预见的隐忧，随着始皇帝的死亡，很快便成为了现实。

在始皇帝身侧的有力者，除了丞相李斯之外便是宦官赵高。当始皇帝死于巡幸的归途中之后，两人决定秘不发丧，在到达国都之前筹划并施行一场重大的阴谋，其他的大臣对此一无所知，或虽有所察觉，但在可能的重刑之下选择沉默。两人计划：第一步，先除掉始皇帝选定的继承人太子扶苏，将伪造的始皇帝诏书送至扶苏之处令其自杀；第二步，以始皇帝的名义选定继承人，在回到国都之时立即发丧，并拥立始皇帝的昏庸少子胡亥；第三步，铲除所有反对派，肃清太子的近臣蒙恬、部分其他大臣、胡亥的兄弟辈及其他宗室成员。当这些计划全部付诸实施之后，则是李斯与赵高的权力斗争，而赵高则在这场斗争中取得胜利并掌握大权。不过，天下的政治终非一介宦官所能掌握。就连国都人民也对政府失去了希望，更不用说那些无时无刻不在期盼着始皇帝式的政治幻灭的六国旧民了。面对蜂拥而起的各国人民，秦政府是那么脆弱，而其所拥有的天下最终也无法避免地走向了崩坏。

【参考书】

桑原骘藏《秦始皇帝》(《桑原骘藏全集》第一卷《东洋史说苑》所收，1969年，岩波书店）一文繁简适中，便于初学。而更详细的材料则需参照司马迁《史记》(1962年，筑摩书房）卷六《始皇本纪》。《史记》虽说是中国古代典籍，可至今已有数种日语译本，一般读者也可读懂。另外，对始皇帝的研究至今虽无专书，然而在一般的东洋史、中国史概说读物中大多设有和其相关的章节。

汉武帝

威震四方

汉武帝（前156—前87年）是汉王朝的第七位君主（前141—前87年在位），庙号世宗，16岁即位，在位五十五年，死后葬于茂陵。汉武帝对内抑制了诸侯国的权力，统一了思想，制定了历法并加强了中央集权；对外则再次彰显了秦末以来暂时凌夷的国威，向着东西南北四方扩张领土。汉武帝常被认为是跨王朝的秦始皇之后继者，是将始皇帝开创的古代帝国真正完成的君主。

武帝是景帝之子，名彻，其继承父亲的皇位之时，离汉帝国的建国已经过去了大约六十年，正逢应当改变内政外交的旧有惰性、革新诸政的时候。此时的武帝亦是年少气盛，大规模任用新人，通过提拔司马相如、东方朔等文学之士，有计划地排除了因循无为的老臣，以便推进具有活力的积极政策。

武帝在外交上做出的最大改变与北方的匈奴有关。在今

原题为“汉武帝”。（编者注）

蒙古附近居住的游牧民族匈奴自秦末以来颇为强盛，汉帝国自国初以来为了避免受其侵略，曾与之缔结过屈辱性的和平条约，年年赠予大量的财物以结其欢心。然而，正是利用这一和平阶段，汉政府慢慢恢复国力，储备粮食和武器，武帝从而得以对匈奴采取攻势，连年派出远征军与其作战，最终将匈奴主力驱逐至大沙漠以北，并将归降汉政府的匈奴属国部署在长城之北以充当警戒，确保了国境的安全。

关于远征军的指挥官，武帝并未重用前朝以来便广为人知的名将李广。李广久有老将之名，而武帝却以为军队应交给青壮年来指挥。是以武帝随后所任用的将军如卫青、霍去病等人，均为武帝的同龄人。这两人又都身为武帝的侧近之臣，因为与武帝的私人关系而备受瞩目。不过就当时而言，若要众人接受黜退老将而拔擢新人的事实，任用侧近之臣便是唯一可行的途径了。当然，武帝选人的正确性，也可据随后的事实得以证明。

武帝对匈奴的远征，就此打开了通往西方世界——即当时所谓“西域”——的交通。自秦至汉初，万里长城的西半部分都是沿着黄河修建的，而自武帝攻击匈奴，平定了今甘肃附近之后，将长城的西部北移到了如今的位置上，从而打开了新长城南侧的通商道路，使得商旅得以自玉门关沿着沙漠的边缘进入新疆。而汉帝国的大军更是在这之前，便翻越了帕米尔高原，攻灭了锡尔河流域伊朗系民族所建立的大宛国，带着获得的三千匹良马回国——这种良马应该与阿拉伯系的马匹是同一品种。

而在大宛西南方向的阿姆河流域，从今新疆附近迁徙过去的乌孙族所建立的大夏国甚为强大。武帝听闻乌孙乃是匈奴之仇敌，便派出张骞前往，谋求与其建立同盟[1]。尽管这一军事同盟最终并未缔结，然而张骞滞留大夏等国多年，其间更曾远至位于地中海以西诸国，成功带回了关于其他繁荣昌盛的古文明的相关知识，并将之报告给武帝。从此以后，东西交通大开，商旅往来频繁，许多闻所未闻的动植物输入了中国。不过需要说明的是，这种交流并非因为张骞才从无到有地产生，而是长久以来缓慢而持续地发展的东西方交流之结果。

自秦代以来，长城的东端便一直修建到了朝鲜半岛，而武帝则更进一步地攻灭了当时中国人卫氏在该地所建立的朝鲜国，并将之纳为汉帝国的郡县。其中位于今天平壤附近的乐浪郡，更成为汉帝国的政治和文化输出的前站，也正是通过此地，当时名为“倭”的日本的存在才为中国人所知晓。

在南方，武帝攻灭了乘秦末大乱而独立的南越国，将岭南地区再度纳为郡县，而今天的广东，也因此成为印度和南洋物产的输入口。

在内政方面，武帝实行了和始皇帝同样的中央集权政策。

---

①据《史记·大宛列传》所引张骞上书、《汉书·张骞传》及《汉书·西域传》，作者此处数句有几处错误：一、乌孙与大夏应是两个不相干的国家。二、作者称乌孙在“大宛西南”，实则位于大宛西南的是大夏，而乌孙则位于大宛东北。三、武帝听闻与匈奴为敌的乃是在大宛之西的月氏，而并非大夏或乌孙。（译者注）

汉初以来，封建制和郡县制一度并行不废。武帝为了击溃诸侯国的势力，采取了将大诸侯国渐渐划分为小国的计划，又废除了各诸侯国内以当地国君在位年数纪年的规定，统一按照天子所颁布的年号纪年。与此相关的则是新历法的制定和将此历法推行至全国各地的举措。从此以后，凡有国家使用中国之年号和历日，即被视为对中国的臣服。

武帝还采纳了董仲舒的建议——奖励儒教并以其统一思想。这并非是对儒教的“一边倒”，而只是确定了儒教作为政府推行的教育方针的地位。从此开始的，便是在今后两千多年间无关朝代更迭，以儒教教义为基础的官僚体制。武帝采用了较为柔和的政策，这也帮助他实现了始皇帝未能实现的中国统一的理想。

自古以来，对武帝的评价便谈不上太好，不过就像近年来对始皇帝的评价渐渐上升一样，与之相似的武帝似乎也正为人所重新评价着。

【参考书】

据吉川幸次郎《汉武帝》(1950年，岩波书店）所言，表面上生活奢侈的武帝，在家庭生活中其实格外地孤独，不过是个不幸的人。这一观点颇为有趣。而我所写的这篇小文中，并未触及到对武帝私人生活的相关记述。因此，把《汉武帝》一书作为一种补充阅读，应该是颇为有益的。

隋炀帝

乱始乱终

隋炀帝（569—618年）姓杨名广，继承了其父文帝（541—604年）的皇位，成为了隋朝的第二代皇帝（604—618年在位）。继其父攻灭南朝陈，统一南北之后，炀帝推行了诸多积极政策，如开通大运河方便南北交通，进一步繁荣与西域、南海的贸易往来，开始与日本的交流等。然而，屡次对高丽的征伐最终使得国势衰微，四方乱起，炀帝自身也被谋杀于巡幸之所江都。

一　上位

隋炀帝通常被认为是中国历史上具有代表性的暴君和王朝覆灭的责任者之一，然而这样的评论终究是有所夸张的，在此处不得不进行修正。比如其即位之际弑杀其父文帝的传言，

原题为“隋炀帝”，小节划分及标题为编者所加。（编者注）

就并非是所有史学家都认定的信史。继隋而兴的唐朝人，为了主张本朝的正统性，经常对前代抱有恶言，并将所有罪恶都归咎于炀帝，唐修《隋书》中关于文帝之死也语焉不详。然而宋代的司马光在深究史料之后，于《资治通鉴》中却采用了对文帝被弑说抱有疑问的笔法。[1]虽说对宫中秘事的考证颇难进行，可是考虑到当时的各种情况，炀帝并没有进行弑逆的必然性。

此外还有一种观点将隋代的历史分为“明暗二色”。文帝的时代是和平的黄金时代；而炀帝一反前政，实行暴虐的统治，最终导致了隋的灭亡。这种看法无疑也是不正确的。在炀帝即位之时，其父文帝所获得的评价实在不高，甚至可以说，炀帝是背负着父亲所遗留的诸多负担而即位的，终究也无法摆脱宿命。而为了探究这一点，则需要回溯并考察此前百年的历史。

由拓跋族建立的北魏王朝曾征服华北一带，被称为“北朝”。而当时间来到六世纪，北魏已渐渐衰落，以国境警备军的叛乱为契机，分裂为东魏和西魏（534 年、535 年）。东魏和西魏的皇帝只是摆设，真正的实权掌握在身为军阀的大臣之手。其中，建都于长安的西魏，其宰相宇文泰本是长城以北的武川镇的将校，与其同僚一起在长安建立了西魏王朝，用以抵抗东魏。与东魏相比，西魏土地狭窄、人口稀少、物资匮乏，

---

[1] 关于炀帝弑逆说，可参司马光《资治通鉴考异》隋仁寿四年七月条下引《大业略记》等书的记载。而司马光在排比了这些史料之后，还是选择“从《隋书》”的写法，即作者此处所说的“对文帝被弑说抱有疑问”。（译者注）

然而西魏之所以始终未在与东魏的攻防战中屈服，则完全依赖于以宇文氏为中心的武川镇军阀的彼此团结。不仅如此，宇文泰死后，其子很快篡夺了西魏政权，建立了北周，而北周第三代皇帝周武帝甚至还攻灭了篡夺东魏而成的北齐，统一了北方地区。然而，到武帝之子宣帝、宣帝之子静帝时，身为外戚的杨坚渐渐掌握了实权，最终废黜了静帝并即皇帝位（581 年）。杨坚即隋文帝，也就是炀帝之父。

杨氏与宇文氏虽同为武川系军阀，但其家族在整个武川系中只能算是二流，而且凭借一时运势便篡夺天子之位的行为，更会招致一流贵族们的反感甚至侮蔑。再加上易姓革命所必然带来的肃清和杀戮，更被认为是对向来团结一致的武川系军阀的背叛，遭受非议自是难免。因此，对自己弱点颇有自觉的文帝养成了强烈的猜忌心，从不信赖任何大臣大将，对有才能之人亦甚为疏远。并无腹心之臣的文帝，无论多琐碎的政务均事必躬亲，不通过种种密探监视臣下便不自安。

不过，幸运的是，乘着南朝陈的衰落，文帝将之攻灭并结束了南北朝的分裂状态，成功统一了天下（589 年）。然而正是这场南征为将来的祸患埋下了种子，南征的总指挥官、文帝次子杨广即是后来的炀帝，即便其总指挥之号只是徒有其名，然而功业毕竟是功业，因此而声名渐起的杨广，就此与长兄皇太子杨勇展开了一系列权力斗争。

更可悲的是，文帝本人享有“恐妻家”之名，握有权力的皇后尽管同时是皇太子和次子杨广的生母，却大为偏爱后者。在母后的庇护之下，杨广结交了朝中大臣杨素，从而向文帝进谗，废黜了皇太子，坐上了本属于太子的宝座（600 年）。两年之后，皇后去世，文帝则在皇后死后两年去世，此时从太子晋升为皇帝的，便是炀帝了。

二　施政与灭亡

文帝对北周的篡夺本属非理，而炀帝的即位过程则更加非理，新天子的地位从一开始便处于不安之中。当他听闻父亲的死讯之后，甚至先派出处死杨勇的使者，然后才为父发丧，继而即位。知晓此事的末弟杨谅，则马上从长城旁的军事基地举兵叛乱——随即被炀帝讨平。

从一开始便享有恶名的天子，展开施政计划时自然有必要顾及他人目光，从而达到拉拢人心的目的。在这种情况下，炀帝首先施行的便是大运河的开凿。中国的河川大致上都是自西向东流，所以东西之间的水运非常便利，南北交通则饱受这种地理特征所带来的妨害。在实际生活中，南北之间的商务交通却又是必需的。是以炀帝即位的第二年，即着手通过开凿永济渠、通济渠、邗沟、江南河这四段运河，将由北至南的海河、黄河、淮水、长江、钱塘江这五条大河连接起来，这项工程在随后数年间完成。这样一来，海河之水理论上便和长江及其支流彻底贯通。当然，由于各条河川的水量各异，从北方南下的话，必须换好几次船才行。尽管如此，南北之间的交通还是因为运河的存在而大大改善了。

面对四方边界，炀帝也同样采取了积极的政策。其中，炀帝曾亲征并击败了位于敦煌走廊南面、威胁到中原政权的吐谷浑，而后又在班师回京的路上在凉州接见了西域二十余国的君主或使者，最后在东都洛阳招集西域商人，开设了可作为范本的国际市场。此外，炀帝还征服了位于越南南部的林邑国并使其朝贡，又派遣特使前往位于苏门答腊岛的赤土国，命其王子前往中国朝觐。

对东方，隋帝则有征伐琉球之令——需要注意的是，此处的琉球并非今天的冲绳，而是台湾岛或更为南方之地。而日本的小野妹子[①]也受隋朝邀请，前来谒见炀帝（607 年）。其时的小野更是以其所递上国书中“日出处天子致日没处天子”的抬头而饱受物议。

在北方，炀帝修复了长城并亲为巡边，其间还以君主对臣子之礼接见了雄踞戈壁沙漠的突厥大君启民可汗。然而，位于突厥东面的高句丽却并未屈服于炀帝的朝觐要求。此国以平壤为都，向东覆盖了朝鲜半岛的大部分地区，向西则一直延伸到辽河平原，国力正当强盛之时。可以看出，高句丽拒绝朝觐并不是炀帝发动战争的唯一理由，而炀帝强行进行远征的结果，却是一场惨淡的败北（612 年）。为了皇帝的威严，他随

① 小野妹子（565—625 年），日本飞鸟时期的政治家，据《日本书纪》记载，于 607 年与 609 年两度出使隋朝。（译者注）

后不得不发起的第二次远征，却直接造成了已故重臣杨素之子杨玄感的谋反，为了扑灭叛乱，炀帝又不得不将远征军撤回，这也再次让皇帝陛下颜面无存。而之后第三次远征的所谓胜利带来的，仅仅只是高句丽表面上的臣服罢了。

以三征高句丽的失败为契机，疲于各种土木工程和对外远征的人民发起了多次叛乱。而留守国都的军队亦人心惶惶。身处外地的炀帝不得不招募新的近卫军，沿着大运河来到江都（今扬州）的离宫以观望形势。随着叛乱的扩大，武川系名门李渊更在国都拥立了炀帝之孙杨侑为帝（617 年）。而思乡心切的近卫军也发动了兵变，杀害了炀帝一族（618 年），踏上北返之途。在此之后，废除隋帝的李渊，最终成为了后世所称的唐高祖。

【参考书】

宫崎市定《隋炀帝》(《中国人物丛书》四，1965 年，人物往来社）和布目潮沨《隋炀帝与唐太宗——暴君与明君的虚实》二书致力于以史料批判的手法，对炀帝这位向来被无条件地划归为暴君的君主，进行探明实相的工作，可供参看。

康熙帝

养儿不教

曾在康熙帝（1654—1722年）身侧侍奉的耶稣会传教士路易·勒孔特（Louis Le Comte，中文名李明）在滞留北京五年之后回国，于巴黎出版了著作《中国近事报道》（*Nouveaux Mémoires sur L'état Présent de la Chine*），而此书的书前插画，是一幅皇帝三十二岁时的肖像画。

根据李明的记载，康熙帝个子不高，稍显丰满，却也并不肥胖，五官扁平而额头宽广，眼睛和鼻子比起其他中国人来都要小一点，嘴巴小巧，使整张脸的下半部分非常有魅力。不过，以上的记述是站在法国人的立场上进行的，所描述的不过是一幅东方人的标准像，看不出和其他东方人的区别在哪里。而就我们对皇帝画像的印象来说，却着实从此画中感受到了筋骨强健之气，或许会使人联想到拳击手或摔跤手。当然，这很可能是因为康熙帝本人在继承了其满洲祖先的朴实气质的同时也是一位武艺达人吧。据说，皇帝可以在

原题为“清康熙帝”。（编者注）

《中国近事报道》一书中的康熙肖像

马上拉开五人方能拉开的大弓，射出两倍于一般长度的大箭，而且百发百中。

从1661年八岁继位，到这张画像完成时的三十二岁，康熙帝平定了三藩之乱，又消灭了台湾的郑氏政权，从而完全掌控了传统意义上的中国本土区域，这便是他在位第一阶段的事业。而在此后的第二阶段中，康熙帝又与俄国缔结了《尼布楚条约》，抑制其南下侵犯中国领土的势头，击败了在蒙古援助下崛起于天山北路的准噶尔部落之酋长噶尔丹，还将西藏纳入保护之下。自此，大清帝国的大致版图已渐渐形成，时间也来到了帝国全盛之时。

不过，取得这些功业，并非仅仅因为皇帝陛下的英明神武。当时恰逢满族最为兴盛之时，内部强固而统一。此外，西洋的优秀技术亦不容忽视。击溃准噶尔部有赖于耶稣会教士所铸造的大炮之威，进攻台湾更是离不开荷兰海军的援助。皇帝陛下身染疟疾之时，也完全是因为传教士献上的金鸡纳霜才得以脱离危险。而皇帝的外征内治，也是建立在中国丰富的资源和经济实力之上的。正是以上三点的结合，促成了康熙帝作为统治者的成功。

然而，作为统治者而被后世称为明君的康熙帝，作为其家庭的一分子却是失责的。早熟的皇帝在十四岁时便有了庶长子，此后仅男性后嗣便有三十五人。不过生是生下了，皇帝却并未担负起相关的责任去教育他们。正如西方谚语所说，当上父亲诚然不易，成为父亲却更为艰难。

皇帝于二十一岁所生的嫡长子，在出生不久便被封为皇太子，而这也成为皇帝对其纵容的开始。长大之后的皇太子，在侧近之人的影响下，渐渐成了一个连筷子都拿不好的恶少。而其他皇子之中，也因此出现了欲取太子而代之的阴谋家。朝中大臣也好像赌马那样分别团结在了不同的皇子身边。

为了惩戒皇太子，康熙帝曾一度将之废黜。而在略微得知太子有所反省之后，又再次将之立为太子。可实际上，太子所为的恶业却丝毫不见减少，甚至为了早早即位，还计划谋害父亲。皇帝最终下定决心又一次废黜太子。最终，这一系列事情严重损害了他的健康，令他在六十几岁时带着懊恼去世。至于如何使康熙帝的功业不至于从国家内部崩坏，则是下一代的雍正帝所需要思考的了。

雍正帝

政改与转折

雍正帝（1678—1735 年）是中国清朝自建国以来第五代、统一中原以来的第三代君主（1722—1735 年在位）。雍正帝推行了诸多政治改革政策，使得清朝对中国的统治变得更为牢固。而中国自宋以来的君主独裁统治，经过明太祖洪武帝（1368—1398 年在位）和明成祖永乐帝（1402—1424 年在位），在雍正帝手中达到了顶峰。

一　国有长君

雍正帝姓爱新觉罗，名胤禛，庙号世宗，谥号的略称则是宪皇帝。因即位次年改元雍正并在统治的十三年间一直使用这一年号，故在此文中称其为雍正帝。

原题为“清雍正帝”，小节划分及标题为编者所加。（编者注）

康熙帝有子三十五，其中嫡出的第二子为允禔[1]，雍正帝则是第四子。康熙帝在位六十一年（1661—1722年），内治外征，取得了不少功业，然而他长久以来却一直为家庭内的不和而困扰。这种不和具体而言，便是诸位皇子结交外臣，为了将来的皇位而互相排挤的行为。而那位第二子，也因自身的失德，成为了党派斗争的牺牲品，两度被立为皇太子之后又两度被废。这件事也直接使得康熙帝在生前最后的日子里无心另立储君，当他创造了史上最长的在位记录驾崩之时，只是留下遗诏，令雍正帝即位。而此时的雍正帝，已是四十五岁了。

长时间身处潜邸的生活，使雍正帝得以详尽观察当时政治和社会上的弊病，并立下了改革的决心。而他即位后首先做的，便是瓦解朝廷上林立的派系，为此不惜剥夺那些对新政不满的兄弟皇子的宗室族籍，并将之监禁。此外，他还肃清了从前的得力大臣，如满洲出身的隆科多和汉人出身的年羹尧。这些所谓的朋党，其实是前朝康熙帝长达六十余年的治世期间奉行宽大政策所酿成的结果，更受到了与官僚体制紧密结合的科举制度的助长。因此，雍正帝对科举出身独占高位者并不以为然，相反更偏爱出身不正而才能出众之人。为此，皇帝不惮重用那些由捐纳——即买官制度出身，却有一定政绩的官员。宋代的欧阳修曾著《朋党论》，倡言君子可以结朋立党而小人则

---

① 允禔原名“胤禔”。雍正帝即位后，为了加强自己的威权，令宗室兄弟辈将名字中与自己名字相同的“胤”字改为“允”字。参考本书作者的另一部专著《雍正帝》。（译者注）

不可。对此，雍正帝特为著述《御制朋党论》一篇，将欧阳修的观点斥为邪说，并谕示：无论什么样的官僚都不应该结交朋党。

当时的官僚制度已有了两千年左右的历史积淀，彻底流于形式而不重实效。应该辅佐天子的内阁，却只是人浮于事，根本不堪应变。对此，雍正帝特为设立了军机处这一机构，包括数名大臣和位于其下的书记官——即所谓的“章京”，国家的紧急要务可直接经过军机处抵达天子手中，天子的命令也经由军机处直接到达各种对应的机构。如此一来，内阁大学士彻底成了闲职，而军机处大臣则成为了实际上的宰相，灵活地处理着各种政事。

二　朱批谕旨

关于地方政治的改善，雍正帝也倾注了全部热情。对于身处九重宫门之内的天子来说，不能彻底把握地方上的实情着实令他困扰。而且繁冗的官僚机构，使地方上的报告在提交之后不得不经过数重官僚之手，有着被篡改的可能，几乎无法原样地抵达天子之处。对此，雍正帝在官僚机构的一般报告之外，还要求官僚以个人的身份和天子进行直接的文书往来，直接将未经修饰的情况报告给天子。

雍正帝规定，各省的首席行政长官，如总督、巡抚和其下的布政使、按察使、提督，以及其下的道台、知府等，在公开文书之外，还需向天子提供秘密报告和奏折，将地方上的经济形势、物价、天气、治安、官吏之评判等情况事无巨细地上报天子。而这种文书无须经由上级机构，直接经特使、宦官之手，送至天子之处。天子则细细阅读每一封文书，用朱笔在行间批示其感想，或是写下一些训诫，或是在篇末留下余白，指示官员在此回复。而这也就是所谓的“朱批谕旨”，即由朱笔所批复的圣旨。这种朱批谕旨将再次送达秘密上书者手中，上书者须拜读天子的朱批，根据情况写上回复之后，再次将之送往天子之处。借由这种私信往来，身处朝堂的天子得以接触到地方上鲜活的实态，并对官僚朋党隐藏事实的手法一清二楚。这些朱批谕旨虽然在雍正末年和乾隆初年两次被选辑后付梓，然而未经公开的部分仍占多数，文书原件已运至台湾，相关机构也在着手整理中。

时至今日，这批文书仍具有非常大的史料价值。首先，官僚用墨笔所书的奏折，不啻为向明察的雍正帝所上的一种供状，必须将事情的真相毫无保留地写出，如果加以粉饰，则皇帝只需参考他人的秘密上书，便会暴露。实际上，雍正帝在审读奏折时，也时时注意官僚是否在欺骗他，若发现了虚假的报告则会加以斥责。所以，将原奏折和雍正帝的评判之语一起阅读，我们便能得到一种密度和正确性都极高的十八世纪前半期的史料。而这也使得这部朱批谕旨成为了雍正时代史学研究的不二正典。

三 转折一代

雍正帝在位十三年，与历代的其他皇帝相比不算短，不过和其父康熙帝的六十一年、其子乾隆帝的六十年相比，却是短得有些过分了。虽然如此，他在整个清代史上占有的地位比起其父、其子来说甚至更为重要，直接关系到了作为清朝统治基础的满洲民族之融合的问题。笼统说来，雍正朝之前的满洲人还只是朴素的战士，而雍正朝之后的满洲人则成为文明人。战士和文明人固然互有长短，而身处雍正朝的满洲人则是这两种身份的中间物，同时拥有着二者的不同气质。雍正帝本人及其非常信赖的大臣鄂尔泰，便是这样的人物。而这也使拥有朴素满洲人气质的雍正帝得以意气满满地行使皇帝的独裁权力。

皇帝独裁政治是兴起于宋以后的中国之特殊政体，与古代的专制君主体制并不一样。不过，这种制度实在可以说是君主政治的一种最高理想，而中国的雍正帝则可以说是将这种理想最大限度具象化之人。可以说清代的政治之所以要胜过历代，完全是因为雍正一朝，包括前述的各种政策在内，雍正帝所殚精竭虑想出的政策，几乎毫无例外地在后世被蹈袭和奉行，成为了清代本身的特色政治。

比如，有鉴于官吏在俸禄微薄的情况下不可能务守廉洁，雍正帝便以“养廉银”为名，增加了官吏的俸禄。此前的官吏公然以附加税之名向民间索取额外的贿赂和礼物这一陋规，曾在官员低俸禄的时代成为一种合理的行为。对此，雍正帝则将此项附加税确定为制度，并将之公开公平地分配给了官吏。

有鉴于其父康熙帝册立太子的失败，雍正帝没有册立太子。他认为，在年轻时就被选为太子，可能会过早地为官僚们的谄媚所包围，从而成为无用之人。不过为了防止皇帝在指明后嗣继承人之前就去世的情况出现，皇帝又在宫中正大光明殿的牌匾[1]之后，放置了一个藏有遗诏的小箱子，在遗诏上写有天子所中意的皇子之名，以供大臣拥立新帝。这一系列过程，也就是所谓的“秘密建储法”了。

在对外关系方面，雍正年间，清廷曾对西藏出兵，击破了该地准噶尔部的势力，平定了该地并将之纳入版图，并派出驻藏大臣。而下一次对天山南北路准噶尔部的征伐，则要留待接下来的乾隆帝。

康熙帝对基督教传教士态度宽大，并为了利用他们而稍微放宽了对传教的限制，然而雍正帝却极为反对这一与中国传统思想相反的外教并加以弹压。虽说当时中国人的尊王攘夷思想所针对的，其实是身为征服者的满洲人，不过雍正帝此举，却成功将矛头转移到了西洋人身上。而这一点，也间接证明了雍正时代乃是位于大历史的转换时期的事实。

---

[1] 原文如此。实际上秘密建储的遗诏是放在乾清宫的“正大光明”牌匾之后。（译者注）

【参考书】

宫崎市定《雍正帝》(1950年，岩波新书，《宫崎市定亚洲史论考》下卷所收，1976年)一书，以及杂志《东洋史研究》第十五卷第四号、第十六卷第四号、第十八卷第三号、第二十二卷第三号(分别由东洋史研究会发行于1957、1958、1959、1963年)这四册的《雍正时代史研究》专号所收专门研究论文，在学界注重康熙、乾隆二朝而忽略了夹在其中的雍正时代的大背景下，致力于发觉这一时代的独特价值，可供参看。

第二编

乱世宰相

李斯

人生如戏剧

李斯（？—前208年）出仕于秦始皇，助其统一天下，制定了中国最初大帝国的统治方式，确立了官僚制度，并凭借此功而官至宰相。在始皇帝死后，其为宦官赵高陷害，最终被杀。

关于被秦始皇任命为丞相协助其一统天下的李斯的生平资料，今日所见的唯有《史记》卷八七《李斯列传》这一篇了。在此谨根据该篇列传做一个大致上的介绍，若是读者能进一步阅读此列传原文，当更能欣赏到其如戏剧一般起承转合的人生所展现的跌宕之美。

李斯生于公元前三世纪前半叶的上蔡，该地当时属于楚国，今位于河南省境内。在他担任地方官衙小吏期间，目睹到仓库中肥硕的老鼠连人都不怕，而下水道中的老鼠则消瘦又畏惧人类和猫犬。李斯就此感到，人类的境遇也如同老鼠那般，

原题为“李斯”。（编者注）

完全依赖于环境的好坏，于是便前往荀子之处学习帝王之术。学成之后的李斯离楚去秦，成为吕不韦客卿的他就这样进入了秦国的官场并逐渐升官。然而吕不韦被免职之后，秦国政府改变了一贯的政策，发布了驱逐所有外国客卿的《逐客令》[1]。而李斯立即写成反对此令的《逐客论》[2]，向始皇帝建言《逐客令》的失策。采纳了上书的始皇帝随即取消了《逐客令》并开始重用李斯。当秦国开始进攻韩国之时，韩国将李斯在荀子处的学长韩非送入秦国，以图暂缓秦军的攻势。因为害怕韩非会威胁到自己在秦王处的地位，李斯设下毒计将之陷害致死[3]。以上便是《史记》相关列传中第一段的大致内容，描绘了怀有入世之心的青年李斯是怎样立下仕秦之志，怎样排除仕途上的障碍，怎样采取各种手段向上攀爬的经历。

彼时的秦国国势日益隆盛，李斯的前途也一片光明。作为始皇帝的参谋，李斯成功离间了敌国君臣，再乘其内讧之际攻灭敌国。终于依次灭掉了韩、赵、魏、楚、燕、齐六国，建立了可以与古代波斯、罗马帝国相比拟的，中国历史上最初的大一统古代帝国（前 221 年）。而李斯也作为丞相，得以协助始皇帝参与到这个大帝国的统治中。他们的统治方针可概括

---

① 因韩国派水利专家郑国入秦修建水渠，以计“疲秦”，后被秦王察觉。秦王遂下逐客之令，欲将从各国来的客卿驱逐出境，李斯亦在其列。（编者注）

② 此文据《史记·李斯列传》及李善注本《文选》卷三九，正式的篇名当为《上书秦始皇》，而后世则一般称为《谏逐客令》。（译者注）

③ 李斯与韩非之事不见于《李斯列传》，而是《史记·老子韩非列传》的内容。（译者注）

为：将所有政治权力集中到皇帝一身，在地方上实行郡县制，制定法律，统一文字和度量衡，统一思想，向四方进行领土扩张等。从此，李斯富贵已极，其儿女也得以和帝室通婚。以上是《李斯列传》的第二段，描绘了李斯一生中最为幸运的时光。而在这一段的最后，借由李斯本人对“物极则衰”的嗟叹，叙述导向了其人生的下一阶段。

为他命运带来转折的便是始皇帝之死（前210年）。始皇帝在最后一次巡幸地方之际，身边除了丞相李斯、宦官赵高之外，还有在其二十余子中较为年幼的少子胡亥。而在此次巡幸的归途中，始皇帝病死于河北。皇帝在死前留下遗诏，命令此前在北方国境任蒙恬军队监督的长子扶苏在看到遗诏之后，火速赶往国都迎接父丧。若此时的李斯能够完全遵守天子之命，恐怕就没有后来的那些事情了吧。然而，恐怕是出于某种恶魔的耳语的缘故，赵高也得知了此事[1]。赵高向来对蒙氏抱有恶意，如若扶苏即位，重用蒙恬，自己的地位必然不保。也正因为这样，他便谋划拥立与自己关系非常亲密的胡亥。始皇帝的遗书此刻正在赵高手里，而李斯也计划在回到国都之前秘不发丧，正好为赵高的阴谋提供了时间。

赵高首先将始皇帝的遗诏示以胡亥，并以若是扶苏就此即位后胡亥的不利之处向之游说，使胡亥立下了参与这场阴谋

---

① 此处作者叙述有误。据《李斯列传》：“始皇崩。书及玺皆在赵高所，独子胡亥、丞相李斯、赵高及幸宦者五六人知始皇崩。”赵高一开始便知道始皇帝驾崩之事。（译者注）

的决心。随后又向李斯进言，若是扶苏即位，重用蒙恬，则李斯很可能如之前的秦相那样被革职流放，继而将李斯也纳入己阵。正是这三人的合谋，才得以伪造始皇帝遗诏，将胡亥立为皇太子；同时又伪造一封遗诏，送与扶苏和蒙恬，赐二人以死。结果，二人并未抵抗，扶苏马上自裁，而蒙恬则被解除兵权并下狱。实现了这些阴谋的胡亥，在回到都城之后马上为父发丧并即皇帝位。从以上《李斯列传》的第三段中可以看到，此前位极人臣的李斯，不过是优柔寡断的俗物罢了。而他为赵高所诱惑，失去大臣应有的节操，也就此展开了成为恶魔的囚徒并随之堕落的人生。

篡位的阴谋既告成功，还来不及庆幸的李斯，却迎来了急转直下的命运，最终堕落到了地狱的底层。而这，或许就是被恶魔所诱惑的必然结果吧。二世皇帝胡亥即位之后，李斯的生死完全掌握在了赵高手里。在赵高的蛊惑之下，二世对人民采取严刑峻法的同时，也在宫中过着骄奢淫逸的生活，全然不顾地方叛乱态势的扩大。此时的李斯却并未出于大臣的立场进谏，而是选择依附赵高，对二世加以阿谀奉承。不过，常年担任宰相一职的李斯，早已成为了赵高的眼中钉——如果说事到如今还有谁有能力发动针对赵高的政变的话，那便是李斯了。因此，当地方叛乱不断增加之时，赵高以李斯之子李由担任叛地郡守却不肯攻击叛军为由，企图对李斯进行治罪。

李斯对此进行的抵抗便是向二世上书弹劾赵高之罪。然而，赵高早早地将二世置于深宫之中，让其耽于享乐，切断了皇帝与外界的沟通。在李斯上书和谒见的企图全部落空的同时二世对李斯的不满也在加剧，继而将失宠的李斯投入狱中，罪名是与其子李由图谋造反，而受命查案、拷问李斯的正是赵高。年老的李斯不经拷问，只得在赵高伪造的口供上签名，承认谋反一事[1]。看到赵高罗织的这份口供的二世，欣喜地说道：“微赵君，几为丞相所卖。”最终，李斯就这样被腰斩并夷三族于咸阳（前208年）。临刑前，李斯曾对其中子说：“吾欲与若复牵黄犬，俱出上蔡东门逐狡兔，岂可得乎？”遂父子相对而泣。《李斯列传》此处的记述，巧妙地呼应了最初李斯见到不同环境下的老鼠而立下壮志的故事，并就此结束了列传的第四段，而后又续以一段终曲——那便是二世和赵高二人那更为悲惨的末路。

地方起义军的首领项羽，带着击破秦朝主力部队的威名和他那如云霞一般的大军，很快临近了旧秦国的国境，而起义军的其中一支由刘邦带领的部队更是从间道入秦，直接威胁到了国都咸阳。面对这样的危机，二世即便再怎么愚蠢，想必也开始对赵高的专权有所察觉了吧。而意识到了这一点的赵高，竟然直接在宫中将二世杀害，并拥立二世的侄子子婴即位，去帝号，重新改称秦王。子婴随即与其子二人合计，将赵高诱入宫中诛杀，并夷灭其族。然而之后不久，刘

[1]《李斯列传》原文载有李斯下狱被拷问之后，赵高进一步陷害狱中的李斯，及李斯于狱中上书之事。（译者注）

邦的军队便兵临城下，随着子婴的出降，秦王朝也就此宣告覆灭（前206年）[1]。

以上便是《史记·李斯列传》的大致内容。此传的叙述，也的确如本文开始时所说的那般极具文学性，有一种戏剧之美。当然，将传主的生平事迹分成起承转合以方便理解，本来便是中国古代文学的一种格式，这也与李斯的人生非常契合。不过，在这种起承转合的关键转折之处，在列传的叙述中往往出现了一些重要的“场景”。认真说来，这一类场景大抵并没有什么史料根据，而可能只是来自汉初以来都中市集上说书人的讲唱，最终经司马迁之手将之洗练化并写入《史记》。诸如传中所引李斯的其他几次上书，便很可能是如此形成的。当然，除去这些内容，李斯真正的生平，应该说是可以通过《史记》的记载而得以窥见的。

【参考书】

《史记》卷八七《李斯列传》无疑是阅读本文时最重要的参考。《史记》一书有数种日语译本，入手便利。而对《李斯列传》本身的研究，则可参考宫崎市定《读〈史记·李斯列传〉》(《东洋史研究》第三五卷三号，1977年3月）一文。

---

① 作者此段关于李斯死后的叙述，除了根据《李斯列传》之外，还参考了《史记·秦本纪》的相关内容。如刘邦进入秦地后二世察觉赵高之专权，子婴与其子二人合谋诛杀赵高，均采用了《秦本纪》的说法，而与《李斯列传》有所出入。《李斯列传》所载赵高“指鹿为马”一事，也为作者所略去。（译者注）

冯道

谜之忠于国

历史上臭名昭著之人并不少见，而其恶名则往往被概括为几种类型。其中，中国五代时的宰相冯道便是作为无节操、无廉耻这一类型的代表人物而为人所知的。然而事实是否果真如此呢？

冯道生于唐末僖宗的中和二年（882年），正逢黄巢占领长安。不过因为冯道是离今日之北京甚近的瀛州人，远离这场内乱的中心，得以免于沐浴战火，从而顺利地完成了初等教育。当他二十六岁之时，唐代为后梁所篡，中国再次大乱。在后梁以开封为都自居正统的同时，天下也处于四分五裂之中。其中，冯道家乡附近的刘守光也在今北京之地自立为燕帝。出仕燕帝的冯道，曾因意见不合而为之投入监狱，而当燕帝为山西军阀、国号为晋的李存勖攻灭之后，冯道又出仕于晋王。当时，晋与后梁的军队对峙于黄河流域，死斗连年，晋国的诸将经常前往梁地，掠夺人民以为奴隶，也时常将其中的妇女赠予

原题为“冯道与汪兆铭”。中文版删去论及汪兆铭部分。（编者注）

身为文官的冯道，而冯道只是在默默接受之后，便将妇女们加以保护，送回其亲人之处。最后，晋国终于扑灭了后梁政权，平定了华北，成为了五代的第二个正统王朝——后唐，而冯道也就此进入中央，继而当上了宰相。之后，虽然后晋政权在契丹的帮助下灭亡了后唐，冯道却仍在新朝廷中保有宰相之位。后来，当契丹入侵中原、灭亡后晋、占领国都开封之时，他依旧选择侍奉新主——即后来所谓的辽太宗。而当契丹被赶走，后汉政权建立，冯道还是贵为宰相。最后，当后周又取代了后汉，冯道依然是后周太祖的重臣，并于后周的下一代君王世宗初年去世，享年七十三岁（954 年）。正史通常以为冯道曾事四朝十帝，在相位达二十余年云云，其实若是算上契丹，则有五朝；若是再算上最初的燕，则是六朝十二帝了。

而到了独裁君主的大一统制度确立的宋代，史家开始对这位长乐于官位的冯道产生了巨大的厌恶之情，《新五代史》固然将之视作毫无廉耻之人，就连《旧五代史》亦贬称其为不忠。不过，以宋代这样君臣名分已定的时代为基准，来回望五代乱世并对之采用同一标准的行为实际上并不妥当。而且我们还得听听冯道本人的见解。毕竟，冯道曾用“忠于国”这样的话评价过自己[1]。那么，所谓的“忠于国”，究竟意味着什么呢？

我以为，中国的君臣观念经过了长时间历史的考验，自

[1] 见冯道《长乐老自叙》，全文载《旧五代史·冯道传》。其中此句“忠于国”云云，亦为《新五代史·冯道传》所引用。（译者注）

然较日本人所能设想的要复杂得多。本来，中国人所以为的天子，其实是不得不成为侍奉人民之人的。臣下虽然侍奉天子，但他们侍奉天子的真正目的，乃是侍奉人民大众。而一旦当时的天子不能侍奉人民，那么臣下即使脱离天子直接侍奉人民，也是不得不被允许的。冯道之所以说“忠于国”而非“忠于君”，恐怕就是因为这个原因吧。

实际上就五代乱世而言，若是讲求对一朝君王个人秉持同生共死般的忠诚，恐怕无论有几条命都是不够的吧。在这样的世界，比起“单数”的君主来说，“复数”的人民无疑更为重要。在这一点上，冯道的确称得上是为人民尽心尽力的。当君主如后唐明宗那样贤明之时，他更是能够通过讽诵聂夷中《伤田家》诗的方式，提醒君主注意农民的辛苦。诗曰：

> 二月卖新丝，五月粜秋谷。医得眼下疮，剜却心头肉。我愿君王心，化作光明烛。不照绮罗筵，遍照逃亡屋。[1]

而当后晋末年，契丹入侵之时，出现了比内乱更为凄惨的、如地狱图般的民族战争。此时的冯道，却从今河南南部来到都城，谒见契丹太宗，并建言：“此时百姓，佛再出救

---

[1] 作者此处引诗，乃据《旧五代史·冯道传》。据《全唐诗》636卷载，聂夷中所作诗为《咏田家》（一作《伤田家》），全文为：“二月卖新丝，五月粜秋谷。医得眼前疮，剜却心头肉。我愿君王心，化作光明烛。不照绮罗筵，只照逃亡屋。”（译者注）

不得，惟皇帝救得。请勿杀伤百姓。”[1]而最终，契丹并未杀光占领区内的所有汉人，似乎也可算是冯道的功劳。

可是冯道终究是晚节不保的。后周的名君世宗甫一即位，山西军阀刘崇[2]便大规模入侵。面对提出亲征打算的世宗，冯道却罕见地采取强硬态度进行切谏。然而，不顾冯道进谏前往亲征的世宗，却漂亮地击破敌军凯旋。事实上，自世宗之朝开始，旧式的军阀被逐渐淘汰而新式军阀渐渐勃兴。或许冯道只是担心这位霸气的新天子会在战场上受到伤害而提出谏言，可他却不明白，对于新军阀的代表世宗来说，年事已高的他，不过是从旧时代偷生至今而应赶快退场之人罢了。

我在阅读中国史书之时，每每感到北宋时代的史家那甚为公平的态度。无论《旧五代史》，抑或《新五代史》，对冯道虽颇具微词，但都未曾忘记将其人之长处如实记录。这对我们来说，便提供了一种正确评判冯道之人物形象的可能性。想来这便是宋代史家之所以胜过今日“一边倒”的史家之处吧。

---

① 此事《新五代史·冯道传》不载，作者乃据《旧五代史·冯道传》叙述。然而据《旧传》原文，冯道乃是为契丹太宗耶律德光“自襄、邓召入”的，反而《新传》说冯道是主动“朝耶律德光于京师”的。又，《旧传》载冯道对耶律德光语仅至“惟皇帝救得”，后面的“请勿杀伤百姓”乃是作者引用、翻译时所加。（译者注）

② 作者此处从《旧五代史·冯道传》作“刘崇”，此人《新五代史·冯道传》作“刘旻”。（译者注）

贾似道

南宋末年的宰相

一　身世

南宋末年，在湖州德清县，生活着黄氏、胡氏两位贫家出身的美人。黄氏本侍奉于大族李仁本，而当李氏之女嫁给当时的天子理宗皇帝之弟荣王与芮之时，黄氏作为陪嫁也一起来到了荣王邸。身为荣王夫人的李氏虽无所出，但作为婢女的黄氏却幸运地产下了一个男孩。此后，没有男性子嗣的理宗皇帝驾崩，皇帝的侄子被立为天子，这便是度宗皇帝。而黄氏也成了天子的生母，被封为隆国夫人。另一边，胡氏则嫁与万安县县丞贾涉为妾。因贾涉嫡妻的嫉妒，产下一男的胡氏不久便被休去[①]。此男名似道，字师宪，上有一姊，而其姊究竟是否为嫡妻所生，也无从知晓。此后的贾家时来运转，贾涉官至淮东制置使，握有南宋北部国境的兵权。贾似道之姊贾氏更进入了天子理宗的后宫，虽未能如愿成为皇后，却专享着皇帝的恩

原题为“南宋末年的宰相贾似道”，小节序号为原文所有，小标题为编者所加。（编者注）

宠，生下了周汉国公主。理宗并无其他子嗣，自然对这位掌上明珠十分喜爱，因此也就更加对贾氏言听计从[②]。而作为弟弟的似道，在继承二人父亲所留下的各种有形无形的遗产之余，也因为姊姊的裙带关系，得到重用，被任命为太师、平章军国事，可以说是将整个南宋的国运玩弄于掌间的人物。不过，在贾似道渐渐立身的同时，其生母胡氏却一直流落民间，直到母子二人再次幸运地见面，其母才因似道的显贵而被封为齐国夫人。而因为与前文那位隆国夫人的同乡之谊，齐国夫人屡屡被迎至禁中，与隆国夫人同寝叙旧。诸位或许已经将以上的内容看作在下对一桩古今奇观的冗长介绍了吧，然而真正的历史却并不如古今奇观那样有着可喜可贺的大团圆结局。而作为此文的发端，若是读者诸君在阅读本文之前，就已对南宋社会种种妇系家族的繁荣有所了解——这种繁荣积极说来是一种太平无事的体现，说得难听些则不啻为一种人情万能的社会运转方式——那么作者无疑会铭感五内。

二　青云

贾似道生于宁宗嘉定六年（1213 年）八月八日。当时其父涉方任万安县丞，而几年之后的嘉定十二年（1219 年），便已身为淮东制置使。此时的贾似道大抵随父去往了其在楚州的任所。当时，南宋的强敌金国已在蒙古的攻击之下不复往日之威，淮东北部的流贼李全也趁此机会从金国独立，利用蒙古和宋国两种势力，在山东附近确立了自己的地盘。在制置使贾涉的煽动下，李全成功牵制了金军，使贾涉得以在与金国的战争中虽无大胜，却也无大败。而在随后的嘉定十六年（1223年），贾涉病死于制置使任上，贾似道时年十一岁。成年以后，因为父亲的恩荫，贾似道被授予籍田令，担任嘉定一地的司仓工作。不过，就当时的世情而言，依靠父祖的余德固然能得到官职，然而若是不能凭借自己的能力获得进士头衔，却是不能得到世人的尊敬的。而成为进士一般有两种途径：从底层参加科举考试，或是先进入太学再参加科举，无论哪种途径都必须要通过数场竞争激烈的考试。此外尚有一条捷径——大臣贵戚之子可以免去之前的所有考试，直接参加殿试。所谓殿试，便是在宫中由天子亲自担任主考的具备仪式性甚至可以说戏作性的一场考试。而殿试也无所谓落第之说，所有参加者均可获得进士出身。恰好在此时，贾似道的姊姊凭借姿色进入了天子的后宫并得到其宠爱，成为了皇后的有力候补者之一，即便最终皇后之位不得不因为门第的关系而让给谢氏，贾氏仍然受到了天子的偏爱，被立为仅次于皇后的贵妃。也正因为这位姊姊的恳请，贾似道得到了免除殿试前所有考试的资格，于嘉熙二年（1238年）和其他读书士子一起参加了殿试，顺利进士及第。时年二十六的贾似道早已不是小孩子了，然而那位贵妃姊姊却仍然非常担心参加考试的弟弟，以至于在考试期间还命人从后宫送上汤药饮食，不过此举或许只是一种对考官们的示威，亦未可知[3]。

贾似道也就此获得了和其父祖相应的地位，家中亦有相当财产，宫里还有身为贵妃的姊姊作为保护者，万事皆已达成的他，开始过上了放纵的生活。同时，因进士及第而获得的太常丞、军器监这样的职位，亦没有对应的实际工作需要去做。贾似道每日纵游诸妓馆，至夜即燕游西湖不返。天子理宗曾夜凭高，望见西湖中灯火明亮之处，便语左右："此必似道也。"明日询之果然。临安府尹史岩之为此专门将似道戒饬了一番。而当似道离开后，史岩之却这样说道："似道虽有少年气习，然其材可大用也。"

位于天子脚下的临安府是大运河与杭州湾的结合点。其附近一带，自唐以来便是有名的谷物产地，成为南宋都城后，更令海陆物资在此地集中流通，生活既因此变得方便，从都城向西还可以饱览湖山之胜，在享乐的便利度上，恐怕没有其他地方可与此地相比较了吧。不过，在临安无所作为的冶游对年轻人来说并不合适，这或许是理宗皇帝的考虑，或许是作为姊姊的贾贵妃的想法，总而言之，贾似道很快便被任命为地方官员而离开了临安。贾似道先出任澧州知州，后移任湖广总领财赋，最终于淳祐六年（1246 年）在名将孟珙身故之后，继任为了京湖制置使。这里"制置"作动词，和"处置"是一个意思，而制置使大致相当于唐代的节度使，可并没有节度使那么大的权力。与之前总领财赋之官主要掌管财政类似，握有兵马的制置使主要负责国家边防。南宋后期，政府在与金国接壤的北部边境通常设有三名制置使，自东向西分别为淮东（今江苏）、淮西（今安徽）和京湖（今湖北）制置使，此外还在四川设有宣抚使。而在制置使之上，虽然还设有制置大使、安抚使、安抚大使等官职，然其职掌却与制置使并无很大的差别。淳祐七年（1247 年），贾似道官拜京湖制置使后的第二年，姊姊贾贵妃抛下了年幼的皇女，就此病殁，这对于贾似道来说理应是一大打击。不过，正如此前史岩之对其的评价那样，贾似道之材“可大用”，尤其与当时无能的学究式地方官相比较，贾似道的事务性才能更为突出。因此，在任京湖制置使四年之后，贾似道改任两淮制置大使，主管淮东、淮西的军政。此时取代金国征服了中国北部的蒙古逐渐开始威胁到了南宋，为了防备蒙古，南宋政府在国境线上的要地，如宝应、东海、广陵、涡口、荆山等处修建了防御工事，加强守备。理宗显然对贾似道在任上之所为非常满意，分别在宝祐四年（1256 年）和六年（1258 年）授予了贾似道参知政事和枢密使的头衔，使其虽为外臣，实际上却享有中央政府之宰相的待遇，威权日盛的贾似道不仅对所辖人事之进退拥有绝对的权力，就连庙堂大臣的任免也不得在未经他许可下进行[④]。而如此镇守两淮十年之后，面对突然入侵的蒙古大军，必须负起防御责任的贾似道终于等到了让天下承认其手腕的机会。

三　战局

南宋与蒙古的关系，开始于蒙古太宗为攻击金国首都开封向南宋提出带兵经过其领土之要求的绍定四年（1231年）。当时的宋虽拒绝了蒙古的要求，然而蒙古还是罔顾宋廷的拒绝，直接闯入河南南部的宋国领土，于钧州三峰山将金军的精锐部队围歼，继而直接威胁到了金都开封。此事发生在绍定五年正月至三月。此年年底，蒙古再次派出使臣前往南宋，提议宋与蒙古共同夹击金国。而已经弃守开封将国都迁往宋国边境附近之蔡州的金国，也同样派出使臣至宋，诉说蒙古的不可信，并请求宋军援助金国，一起阻止蒙古的南下，或至少为金军提供一些军粮。经过一番商议之后，宋廷以为，根据远交近攻的常规想法，应当与蒙古同盟，一起击溃濒死的金国，于是名将孟珙立即率军北征，帮助蒙军大将塔察尔一起攻陷了蔡州，灭亡了南宋的宿敌金国（宋端平元年，1234年）。

当蒙古与宋以陈州、蔡州为界划定国境之后，因为当时的蒙古尚自内外多事，且对中原兴趣不大，故将黄河以南的新得领土全部交与金国降人管理，驻兵亦极少。而得知此事的宋廷竟然无谋地派出军队进入河南，妄图恢复故都开封。北征的全子才、赵葵二将一开始如入无人之境般占领了开封和洛阳，然而在被蒙古塔察尔军突然袭击后，全军溃败而逃归南方。所幸此时的蒙古正处在对欧洲的远征之中，不太可能急速会兵大肆报复宋军，而只能动用华北的驻防军小规模入侵了宋国边境一带。南宋也迅速任用老将孟珙以平息此事。孟珙不愧为一代名将，面对困难的时局，没有辜负南宋朝野的期待，迅速收复了襄阳作为宋国第一线根据地，并在该地坚守了十三年之久，顺利担起前线防卫的大任。而当孟珙于淳祐六年（1246年）去世之后，贾似道便如前文所述，成为了其继任者。

此间的蒙古，经历了太宗驾崩之后短暂的定宗贵由统治时期，大汗之位也于淳祐十一年（1251年）传到了拖雷之子、宪宗蒙哥手中，蒙古和宋的关系也就此迎来了转折。盖因蒙哥一系在蒙古王室中实为失意的一支，向来未曾得到过较好的封地，故蒙哥即位后，便欲与其兄弟一起并力开拓新的疆土，以传与本系子孙。其中，宪宗的次弟忽必烈被委任来开拓中原和西藏地区，三弟旭烈兀则作为先锋前往波斯地区。

忽必烈便是后世为人称作世祖者，在蒙哥一系处于失意之时的成长经历，令其自然而然地产生了对蒙古社会的蔑视和对汉族官员的亲近，受到了汉文化的较强影响。以至于其在以蒙古至上主义傲视被征服地区的其他初期蒙古诸王之间享有“汉人之子”的绰号。当他被兄长蒙哥委以漠南一带的军事任务之时，更召集了姚枢、郝经等儒者，任用了史天泽、张柔等汉人出身的将领以为肱股。而以这位如此熟知汉文化的蒙古公子为敌的南宋，无论是战是和，都须保持极大的警戒。

忽必烈的幕府中多有持亲宋论之人。初始，忽必烈采纳了这些人的建议，避免与南宋的正面冲突，挥兵西向，从宋在四川一带的国境线之外进入云南并攻灭了大理国，同时招降了西藏，又派出以兀良哈台为将领的部队征服了安南。当安南王投降于蒙古大军时，正是宪宗即位后的第七年。翌年，宪宗便制订了作战计划，亲率部队进入四川一带，同时又令忽必烈攻击京湖一带，而兀良哈台则从云南进军广西。按照计划，这三股部队最后将在鄂州（今武昌）会合，以大举伐宋（宋宝祐六年，1258 年）。

宪宗的部队在入侵四川之后，准备沿嘉陵江下至长江流域，然而在途中的合州一带却碰到了一个巨大的障碍。合州守将王坚利用地理上的险要进行了有效的防御，蒙古大军亦不能使之屈服，而就在攻击合州重庆城遇阻之后不久，宪宗便罹患重病，于合州钓鱼山的军营中驾崩。时为宋开庆元年（1259 年）七月二十一日。

就此，宪宗的直属部队解开对合州的围困，迅速撤退回国。然而，退兵的消息却并未及时传达给深入南方腹地的兀良哈台部队。事实上，兀良哈台军于七月渡过盘江进入邕州，八月攻破横山寨，经由宾州、贵州，蹂躏了象州、柳州一带，并于九月二十二日兵临静江府城下。

另一边，遵守兄长宪宗之命进攻的忽必烈部队，于七月经蔡州渡过淮水上游，击破了大别山中险要之地大胜关，并在黄陂一带的长江边思考渡江之策。不过，在随后的九月一日，宪宗驾崩的消息传至忽必烈处，穆哥所派的急使汇报完宪宗驾崩之后诸将的情况之后，马上劝谏忽必烈早日班师北归，争夺大汗之位。大汗之位固然使忽必烈甚是心动，然而若是置迂回深入于南宋国境背后的兀良哈台于不顾，就此撤兵的话，兀良哈台部队便会进退失据，极有可能全灭。且在汗位继承的纷争中，比起表明自己的野心，暂时手握重兵观望局势无疑更为有利。于是他拒绝了亲信诸王们的提议，反而于阳逻堡舣舟渡江，于南岸的浒黄州登陆，进军围困鄂州城。其时鄂州城内守兵单弱，颇有陷落之危，然而守将张胜武勇善战，早就对蒙古军有所防备，四川方面的吕文德也马上派来援兵，贾似道更是率领大军前来支援，就此在鄂州城下，南宋、蒙古二军展开了对峙（宋开庆元年，1259 年）。

然而，作战之中，宋军的勇猛却令蒙古军颇为苦恼。仔细想来，这种勇猛是出于以下几种原因：第一，金国灭亡之后亡命至南宋的金遗民对蒙古的敌对意识；第二，宋国财政收入既有余裕，且肯不惜一切地支出用于军事——从开庆元年二月到第二年景定元年（1260 年）二月，一整年中用于犒赏军队的特别支出即高达铜钱一亿六千八百万缗、银十六万两、帛十一万匹之巨；第三，则是因为蒙古大军的主要部队实际上并未参加战斗，兀良哈台军原本就只是为了扰乱后方而布置的特别行动队，忽必烈自己的军队亦同样没有彻底征服南宋的意志，自然也失去了作战中的锐气。

其中，兀良哈台的军队经由湖南全州、永州，沿湘水而下，于十一月来到潭州，并在潭州郊外的南岳市与宋军遭遇。此战中，人称二哥元帅、也许信仰基督教的色目人捏古来身中流矢而死。而当忽必烈的先头部队抵达岳州之后，虽马上派出侦察兵，欲与兀良哈台军取得联络，可是因为宋军的抵抗和地形的不利，兀良哈台军无法继续北进，只得折回南方，翻越今湖南、江西一带的山地，进入江西平原。

而对忽必烈来说，一度在岳州附近出现过的友军迂回部队，此刻再次消失；同时，身居蒙古腹地的末弟阿里不哥的即位活动越来越具体化。这两个消息的叠加使得忽必烈不容继续犹豫下去，只得将军中的指挥权交给大将张柔，自己率领轻骑北归。

而兀良哈台军大约于景定元年（1260 年）入侵江西之后，面对守备薄弱的南宋内地，遂悠然地经过并蹂躏了袁州、临江军、瑞州、奉新、分宁、武宁、江州、兴国军等地，顺利与张柔的部队会师。不过，在北归的路上必须渡过长江，这对于没有得力水军的蒙古军来说是一场巨大的冒险。蒙古军的计划，乃是在长江上修建直通江北的浮桥，而以三月三日为期，从危险的浮桥上退兵。然而，古来关于临河沿川的作战中，半渡而击无疑是第一准则。因此，宋军水军将领夏贵等人便早早地在巨大的战舰上等待时机，一见到蒙古军开始撤退，就立即烧毁浮桥，杀伤蒙军。不过由于战术上的生疏和蒙军的善战，最终宋军所获的首级不过一百七十枚。虽说如此，这对于之前连战连败的宋军来讲，到底是一场巨大的成功，而朝野的一片欢喜，也委实足以同情。

在此期间，贾似道被授予了京西、湖南北、四川宣抚大使、都大提举两淮兵甲、湖南总领、知江陵府这样一长串的头衔，此外还被委任了节制江西、两广人马，通融应援上游的重任，可以说除都城附近之外，整个南宋领土已经全部位于其指挥之下了。而他同时也是这场战争的全面责任者，以一人之力肩负了战争的全部功罪。一开始身居汉阳的他，在战争开始后立即赶赴战争的中心鄂州总督军务。当战争即将结束之时，他又移驻长江北岸的黄州，并在该地遭遇了小股敌军的残余部队，抢回了部分为蒙军掳掠的宋民。此事经过夸大之后通过军功报告送达中央，为其赫赫武勋之上再添光辉（关于这场战争的前后细节，可参拙著《鄂州之役前后》，收录于《全集》[1]第十一卷）。

四　政局

理宗皇帝原本不过是宋皇室的疏族，当宁宗不慧且无子又需要另立皇子之时，其端庄稳重的态度为当时权臣史弥远所看中。史弥远遂在宁宗驾崩之后排除了其他竞争者，将之扶上天子之位。而这个在不遇之时尚能好学恭俭的少年，一经荣登天子之位便身处富贵之中，得以为所欲为，说到底并非圣人的他，失去了外力的束缚，一夜之间成为一个享乐者，其实也并

---

① 指岩波书店出版的《宫崎市定全集》。（译者注）

不令人意外。而史弥远死后，理宗所锐意进行的政治改革，即所谓“端平更化”亦最终宣告失败，自此之后，朝廷政治开始变得马马虎虎了起来[⑤]。首先是兴建宫中土木，为此特地设立了修内司这一机构，企图将宫中的营造成本转嫁给外廷[⑥]。最初只是通过此机构接受外廷的进贡作为建设费用，可是随后，这个机构开始一味地派出外戚宦官到地方上，以宫廷费用的名义进行榨取。而对朝中大臣来说，若是容忍这种要求便会受到清议的排斥，若是强硬地反对则会官位不保，其立场实不可谓不苦。因此，优柔寡断的谢方叔很快为朝廷外放，董槐、程元凤所建立的内阁亦未能持续多长时间。结果，代表了宦官势力的丁大全成为了右丞相，令强硬派们大为失望[⑦]。而此时南宋所要面对的，便是上述的蒙古入侵了。

说到底，几乎没有配备水军的忽必烈部队之所以能够多次顺利渡过长江，实可归咎为丁大全的失政。他所任用的地方官员剥削江边渔户过甚，使得当地土豪士绅甘心充当了蒙古军的向导。而丁大全为了隐瞒自己的过错，更一度敷衍事态，将蒙古军入侵的消息藏匿不发，陷国于累卵之危。此举被曝光后，非议之声再次甚嚣尘上，即使厚颜如丁大全，亦不得不挂冠并待罪阙下。而取代丁大全负起战时内阁之任的，便是强硬派的领袖吴潜。

吴潜，嘉定十年（1217 年）状元，此后渐渐在政界树立了蔽衣破帽的道学先生的铮铮形象。此前曾遭人弹劾“违道干誉”的他，如今虽已年近七旬，却老而弥坚，下定决心要将附和宦官的政治家从朝中一人不剩地彻底肃清。不过，对他这一悲壮的决意产生共鸣的，仅仅是若干青年官吏罢了。对一般朝臣而言，他所谓的肃清不仅是一种过犹不及之举，更会威胁到自己的仕途，是以多对之采取冷淡的围观态度。另一方面，当吴潜尚未对朝廷人事规划完毕之时，血气方刚的少壮派官吏——国子监博士以下五人[①]便在吴潜不知情的情况下，上书痛陈祸乱之根本在于宦官董宋臣，并言及部分宫中秘闻。此时的吴潜开始渐渐察觉，自己在野时代的抱负，怕是很难在今日之庙堂上实现了，而此事也成为了吴潜战时内阁之上的一抹暗云[⑧]。更令人困扰的，则是自古以来天子对道学家抱有的不满，理宗对吴潜亦同样产生这种怨艾。当蒙古军入侵江西之时，吴潜曾劝谏天子迁幸海上以避难。天子自然非常不赞成此议，并问吴潜："朕去海上，则卿如何？"吴潜答道："臣当死守于此。"听闻回答的天子哭泣着说道："卿欲为张邦昌乎？"这句话说得非常之重，和理宗在事后的感叹："吴潜几误朕"可以对读[②]。而下一次君臣之间发生的如此"歇斯底里"的对话，则是关于立太子的问题。理宗未生有皇子，就是否将

---

① 据下文作者原注引姚勉《雪坡舍人集》卷二九《上丞相吴履斋书》中"诸学官之所指者五人，其甚盖董宋臣也"之语，可知作者所谓"五人"，实并非上书弹劾的国子博士，而是国子博士所弹劾的董宋臣以下之五人。作者此处理解有误。（译者注）

② 此事作者原文未注出处，实为对《宋史·刘应龙传》的概括。又，《刘应龙传》原文所引吴潜之语只有"迁幸"而无"海上"，下文亦无"朕去海上"之语，这两处均为作者概括时所加。（译者注）

皇弟荣王与芮之子忠王过继为养子询问吴潜之时，却遭到了这位道学家的激烈反对："臣无弥远之材，忠王无陛下之福。"[1]也正是此事最终惹怒了理宗。就在蒙古军队全部撤退，局势恢复和平之后不久，台谏便马上弹劾吴潜，而宫中立即在夜半下达指令，免去了吴潜的丞相之职[9]。

那么，谁能成为吴潜的继任者呢？此时的天子在好几位朝臣之间为后继的内阁首席之位着实思索了一番。不用多说，最终的人选肯定会落在刚刚结束的这场战争中的头号功臣贾似道的身上。此时的贾似道虽享有参知政事、枢密使、右丞相等头衔，而其实际职位仍然是制置使和宣抚使，担任着国境线上的指挥官。不过，他作为叱咤三军前后十五年，成功抵御蒙古侵略，将天下兵马握于己手之人，进入中央继承相位，恐怕是没有什么人会有异议的。只是作为宰相的他表现究竟如何，殊未可知，而此刻的朝野上下似乎也正等待着见证这一点。

五　手段

开庆元年十月，贾似道于军中就任右丞相兼枢密使。翌年景定元年四月，当左丞相吴潜被罢免之后，贾似道随即作为凯旋的将军进京，坐上了朝廷首席之位。这一系列的升迁，说

---

① 此事作者原文未注出处，实出前文原注所引《宋史·吴潜传》。（译者注）

到底还是因为贾似道和天子理宗的关系。天子本人熟知贾似道已久，即便是贾贵妃的去世也不能改变这种信赖。而贾似道成为新一任宰相本身，对理宗而言，就如同往日一直靠走后门升迁的小儿辈，有朝一日终于堂堂正正地从大门登堂入座一般，恐怕这对君臣初次在朝堂上相遇之时，彼此都会有些不好意思吧。另一方面，这对君臣之间的交流，大抵也会如电流一般畅通无阻，而这也正是这位新任宰相的一大利好消息。

贾似道首先进行的，便是对刚刚过去的那场战争的论功行赏和对干犯军纪者之处罚。其中论功行赏的对象主要是军中武官，包括将吕文德任命为自己的继任者——京西湖北安抚使，以夏贵为淮东安抚副使辅佐之。然而处罚之事，在此前宋廷的惯例中，若非打了败仗，本是绝不施行的，不过长期身在军营的贾似道却一反常态，以图整肃军规。故他褫夺了李曾伯、史岩之等文臣带兵而退婴渎职者之官职，又黜退了部分贪得无厌、放任部下掠夺平民的武将。其中作为掠夺平民之代表的李虎固然免于一死被流往郁林州，而颇有战功的向士璧、曹世雄等人也在免职之列，因偿还不出滥用的军费而被贬窜远州。如此一来，几乎每个人都在怀疑贾似道之偏袒，并对其苛酷表示不满[10]。然而在贾似道看来，的确是有必须这样做的理由。

与针对武官的全面肃清不同，贾似道对于中央政府的文官官僚所采取的，是一种较为温和的人事行政调动。有鉴于此前吴潜欲将反对派一扫而空并最终遭致的失败，贾似道实行了一种清浊并吞的手段，在尽量使用“旧材料”的条件下，树立一种具有贾似道之特色的新体制。他的这一计划，也因为他那强大的政治手腕而几乎得以实现。

当时的官吏数量颇多，而职位上的缺额却甚少，这也导致了一系列买官行为的产生。其中自然包括了那些不知羞耻利用宦官的机会主义者，而其他那些欲将其铲除的强硬派与之的对立也非常激烈。若是贾似道支援其中一方以排挤另一方，那么宋代的特产——党争便有复燃之虞。而贾似道的想法却是彻底消弭党派。他既往不咎的态度也渐渐使得官僚群体放下心来，也让他赢得了他们的援助。贾似道对买官者的请托一概不受，而另一方面却不惜送上厚礼，恳请隐逸草间的学者出山。这种做法是如此彻底，以至于在当时的世人眼中，前往山中坐禅竟然成了猎取官职的必需途径。而因贾似道的礼遇而前往庙堂之上的则包括马廷鸾、叶梦鼎、江万里等当时著名学者和文人。这些人虽并无宰相之器，亦乏经世之能，本来只不过是壁龛上的“装饰品”，然而贾似道却正是看中了他们的无能才将之选为同僚的[11]。正是因为如此，当贾似道以恬退示人，以身体状况不佳为由辞让相位之时，他的同僚们更是如畏惧夜晚的灯火恐将失去般的态度争相上书，表示朝廷此刻不能没有“周公”，故必须慰留贾相[12]。而这种挽留之举却令贾似道更为“惊恐”，再次上表乞骸骨，以博得天子和同僚们愈加白热化的挽留。文书往来了七八次之后，贾似道方才许诺留任，使天子和同僚们放下心来，而如此一来，他的威望也自然更甚。

贾似道固然抑制了军阀和文官的权力，享有天子的无限信任。此外，即便是作为宫中蛀虫的宦官和炫耀自身阀阅的外戚宗室，在贾似道面前同样也抬不起头来。而最不可思议的便是，一直以来如猛虎一般不可驯服的临安府太学生们，也变得好似猫咪一般温顺。此前都城的这些学生颇为趾高气扬，以诵读圣贤之书的身份甚为矜持，根本不将被他们看成俗物的政治家放在眼中。一旦稍不如意，便集体弹劾宰相，而旨在消弭这种抵抗运动的临安府尹，却又往往并非学生们的对手，不敢轻举妄为。被夹在政府和学生之间进退维谷并最终去职，大抵便是历代临安府尹的固定命运了。而在贾似道的政策下，这些凶暴至极的学生群体就好像中了某种魔法一般老实了起来。事实上，他对此并无什么秘诀，只是尽可能地向学校支出各种经费，将各种考试变得容易，并经常对这些年轻人予以一定程度上的笼络而已。

六　财计

在此还须提及的，便是贾似道的财政政策。江南一带一向盛产大米，特别是都城临安附近的浙东和浙西，自古以来便以米谷丰熟著称，绝无粮食不足的问题。不过，为了供给庞大的军费开支，当地的租税却一贯相当之高。其中，政府每年会以“和籴”的名义强制性购入约六百万石的大米，并用所谓“会子”的不兑换纸币支付。而年年发行这种不兑换纸币，又使得这种纸币的价值年年走低。即便会子不过是纸墨大量印刷而成的，可最终，印出的会子甚至不能支付印刷成本[13]。贾似道暂缓了新印会子的数量，而为了抑制通货膨胀，他采取的一劳永逸之策便是公田法。此法根据刘良贵等人的建议而立，规定国家可以强制买入拥有二百亩以上土地的大地主的三分之一土地，并将之租与佃户收取年贡，而这些年贡则取代了以往的和籴，用来供应军粮支出。贾似道对这一新法非常热心，率先将自己所有的一万亩土地售出，并成功地使以吝啬闻名的理宗之弟荣王与芮交出土地，堵上了反对者的嘴巴。贾似道首先选择在浙江的平江、嘉兴、安吉，以及镇江、常州、江阴一共六郡设立官田所分司，在其下各乡设立官庄，由当地土豪出任庄官，负责租米的征收，而之后又废除庄官，直接由政府官吏对佃户进行监督。而据公田法，虽说是政府买入了大地主的土地，可是政府所支付的，其实仅仅是会子和作为一纸空文的官员告身罢了，其实质与征收无异。此外，即使专门设置了催缴租米的官吏和庄官，但最后收缴到的租米却意外地少。当然，这并不能责怪业已十分贫穷的佃户，而只能让土地原来的所有者——大地主们将不足的份额补足。因此公田法很快引起了浙西大地主们的恐慌。不过，说到底那些大地主均非无辜之人，其中多有凭借雄厚的经济背景获取不当收入者，而在此前的和籴政策下，他们可以将和籴的负担完全转嫁到小地主们的头上。随着和籴政策到此为止，公田法开始施行，他们或是存心将荒地出卖给政府，或是在出让的土地面积上巧做文章，而这些肮脏的手段，最终都会在租米上缴之时暴露。虽说不过是咎由自取，然而当时亦有大地主受困于补缴租米而最终自杀这样的流言四起。由此可见地主阶级对贾似道公田法不接受的态度，不过地主阶级的不平也最终在朝野舆论上得以反映。按贾似道等人的计划，本该在全国范围内收缴一千万亩的公田，并据此征收六七百万石的租米，然而在征收了浙西三百五十万亩土地之后便不得不中止。而这些公田所产生的租米约为二百五十万石，相当于此前两浙转运使的和籴额——也就是说，浙西公田的存在，完全可以取代两浙的和籴总额。而此后，公田所产生的租米便一直贮藏在咸淳仓之内，使之保持六百万石的仓储量。

贾似道的第二项财政政策便是所谓的“经界推排法”。出于偷漏田税的原因，当时的富豪们有意让田籍边界变得紊乱不清，而执行检地，对田籍正本清源的工作，也必会招致官僚地主们的恶评[14]。尽管在地主们看来，施行经界推排法无异于使“江南之地，尺寸皆有税”。不过在今天看来，实有如此为之的必要性。自古以来，难以博得地主阶级好感的新政大多以失败告终，然而贾似道所断然推行的政策最终却不可思议地迎来了成功，由此可见其强大的政务处理能力。

第三项政策则是“金银见钱关子”的发行。南宋时代的通货原则上是以铜钱为本位的，而实际上又有会子这种不兑换纸币与之共同发行，逐渐地压迫了铜钱的流通，将之驱逐出货币流通界。政府也因此发布了铜钱和会子同时流通的命令，且使用各种手段维持着会子的价值，保证二者能够在某种程度上等价交换。不过当朝廷财政困难之际，又往往过量发行会子，使其价值大大小于铜钱。南宋后期，如何维持会子的价值，也成了困扰政治家的一大难题。而贾似道通过买入公田以部分罢免和籴，也有为了阻止会子滥发的企图。当时正逢第十七、十八界会子流通于世，贾似道随即下令停用第十七界会子，并发行新的“见钱关子”，亦即所谓的“铜钱兑换券”。总的来说，所谓交子、会子和关子并无本质上的区别，最初都只是各种兑换券，而经过一定的时间之后则变成了不兑换纸币，最终又迫使政府发行能够兑换铜钱的新券并加以新的名字。而贾似道所发行的见钱关子，其一贯可兑换铜钱七百七十文，又可交换第十八界会子三贯。是第十八界会子的一贯应该可以兑换铜钱二百五十七文左右。而第十七界会子则因为已被回收，替换为第十八界，故不清楚其具体兑换比率。

除了铜钱和与之兑换的会子之外，当时白银亦渐渐开始大量流通，有了取代铜钱成为新的本位货币之势。对此，贾似道则发行了可兑换金银的关子，与之前的见钱关子一道流通。然而遗憾的是，金银之间、银铜之间的具体交换比率今日已不能详知了。至于各种关子发行之后通货市场究竟稳定与否，就今日所见的史料来看，其结果自然是造成了物价沸腾、民不聊生，然而这样的记载到底是难以全信的。因为在贾似道的一系列改革之后十年，南宋即宣告灭亡，而忠实记载了这十年各种情势的史料，现今恐怕早就不存在了。

七　半闲

景定五年（1264年），理宗于宝寿六十岁、在位长达四十一年之际驾崩，其弟荣王与芮之子忠王即位。这位忠王，即后世所称的度宗，在先朝贾似道身居宰辅之时被立为太子，毫无疑问后者的大力襄助也是原因之一。皇帝即位时年方二十五，已非幼冲登极，亦不是生来不慧，只不过是一个比起学问和政治来更注重享乐的近代式青年。而对贾似道来说，这样的天子无疑是最易相与的，他的即位也是一个使自己地位更加牢固的好机会（1264年）。

咸淳元年（1265年），度宗即位翌年，贾似道被封为太师和魏国公。咸淳三年（1267年），贾似道又被任以平章军国重事，赐予西湖葛岭处的私第，享有五日一朝的待遇。南宋政府的二重体系也就此确立——贾似道在葛岭的私第中与馆客廖莹中等人得以从容商议国事，临安朝廷的百僚则完全盲从于贾似道的意见，而奔走两地之间进行沟通的则是贾似道的堂吏翁应龙[15]。

位于葛岭的贾宅占据了俯瞰整个西湖的形胜之地，园林多名以群芳，而其中设立的半闲堂，则是贾似道自号半闲老人和秋壑的由来。贾似道并非疏于文艺之人，相反还特别喜好美术，召集良工特为覆刻了《定武兰亭》。他所作的随笔《悦生随抄》也紧随当时的随笔文学，以搜录闲话为主，不过此书如今仅存《说郛》所录的一部分。而贾似道受当日“古董癖”风潮的传染，相当热衷此道[16]。其园中多宝阁既富有收藏，对于世人深恶的盗墓也乐于为之。他对买官运动的态度虽如前文所述般严峻，可人终究也是有弱点的吧。如果持有古董前往拜会贾相，恐怕在人事上也能得到一定的便利。此外，据传他还非常喜欢斗蟋蟀，这种游戏在今日的中国仍然十分流行。宰相和蟋蟀的某种不匹配性，使我们得以窥见南宋末年的世风。

在咸淳六年（1270 年）被允许十日一朝之后，贾似道与朝廷的关系日益疏远，随之而来的却是他手中权力的日益强化。咸淳十年（1274 年），当贾似道之母胡氏以八十三岁之高龄病死之时，就连天子也特为下诏，辍朝五日，派出内侍主管敕葬。当日正逢大雨，百官坐于泥泞之中，任凭膝盖没入水中，亦不敢易位。此刻的贾似道，无疑处于位极人臣的地位，然而亢龙有悔、月满则亏，跨过荣耀的顶峰恐怕便会迎来急转直下的堕落和失意之日吧。

而最终使贾似道命运急转直下的，便是其对蒙古策略上的破绽。

八　溃败

此前的史家大多以为，早先蒙古入侵之际，贾似道曾以割地和岁币的方式向之求和，在诓骗忽必烈并使之撤军之后，又并未践行和约。而这种看法殊非事实。实际上，在鄂州战场之外的确存在双方互相交涉的行为，不过这种交涉只可视作贾似道对忽必烈的一种试探罢了，通晓人事的忽必烈也并未将贾似道的提议当真，和议也旋即流产。而等到忽必烈回到开平自立为大元皇帝之后，便开始了东方蒙古帝国的建设，使得当日之形势重现了往日宋金对峙的格局。此时的忽必烈派出其幕下亲宋派的郝经前往宋廷，以向南宋提出各种新的要求为名，观察宋廷的反应。而贾似道考虑到忽必烈此举必会动摇南宋之人心，且非常害怕国情之虚实被敌方探知，故而在真州便将郝经拘留，阻止其入都。

另一方面，忽必烈挫败其弟阿里不哥之后，本已渐渐镇压了蒙古西北部的骚乱，然而此时，山东的汉人军阀李璮又发动了叛乱。同时，南宋政府也在未知胜算几何的情况下盲目对其进行支援，触犯了蒙古的虎威。这个李璮，本是金末兴起于宋和蒙古边境成为一股独立势力的流贼李全之子。李全为宋军所杀之后，李璮在蒙古的保护下重新纠合其父旧部，在山东站稳了脚跟，成为了蒙古帝国内的汉人军阀。不过，在策士王文统的鼓动下，李璮竟向帝国举起了叛旗。虽说这场叛乱很快就被讨平，然而此事也令忽必烈对汉人的心态发生了改变。在对手下的汉人诸侯产生出强烈的警戒心的同时，他认识到，若是放任南方的宋国苟延残喘，帝国的那些汉人便绝不会对蒙古的统治歌功颂德。

而李璮的叛乱，对蒙军的战术来说亦是一种宝贵的教训。此前的蒙古人固然可以在野战中展现其天下无敌的勇猛气概，而攻城则非其所长。之前忽必烈在入侵宋国之际，便对鄂州城无可奈何。然而，当围攻李璮所在的济南之时，元将史天泽使用了宋子贞的献策，在围城城墙四周更筑以环城，用以压缩包围圈，置敌以死命。从此，善于闪电战的蒙古军也掌握了持久战的要领。而忽必烈更是随即将这种新战术运用到了对宋战争上。

宋军的前线是两淮、京湖和四川三处，其中以京湖最当要冲。两淮地势低洼，不利于马战，四川则远离政治中心，不能起到直接打击的作用。而若是攻破京湖一地，便可直接切断宋国领土，使之陷入半身不遂的状态。不过反过来说，宋国的大部分精兵也都集中在这一带，位于其地前线的襄阳更是防备牢固。对南宋而言，只要确保此地的安全，那么就算蒙军从他处发动奇袭入侵内地，也会被此地的防线牵制，无法起到长驱直入的效果。

因此，襄阳可谓当日的兵家必争之地。而襄阳守将吕文焕则是贾似道心腹吕文德之弟，文德此时亦坐镇鄂州，控制着长江中游，总督京湖军事。不过，当时有骁将之称的刘整因与贾似道不和而投降了蒙古，并献上攻取襄阳之策。首先，蒙军对吕文德诱之以利，使之同意在与襄阳并立的要地樊城之外设立互市，随后又以保护互市的名义营造了一些简单的防御工事。南北互市自然会繁荣当地经济，同时也给守将创造了一笔额外收入。就这样，在吕文德的许诺之下，樊城外的所谓"防御工事"渐渐越来越周密，当吕文德意识到事情不对之时为时已晚，蒙军的这些防御工事早已坚不可摧。通过这种以榷场为名建立的根据地，蒙军的要塞包围了襄阳和樊城，完全阻断了南宋援兵往来的必经之路。就此于咸淳四年展开了长达五年之久的襄阳攻防战，并在吕文德病殁之后，通过使用新式武器"回回炮"成功击溃了曾经难以攻陷的襄阳守备。最终，咸淳九年（1273 年）二月，守将吕文焕以下开城投降。而没有了襄阳的南宋防御，也变得如同色当被突破之后的马奇诺防线一般。

宋咸淳十年、元至元十一年（1274 年）七月，忽必烈将十万大军交给名将伯颜，并授予其讨伐南宋总指挥一职。伯颜在命南宋降将刘整进军两淮牵制东部宋军的同时，又以猛将阿术为先锋入侵京湖一带并沿汉水南下。这个阿术便是兀良哈台之子，此前亦曾担任过襄阳攻防战的指挥。冬十二月十四日，阿术军到达长江江畔，在宋军水兵的眼皮底下偷偷登陆南岸并迅速占领了鄂州城。此时的蒙军早已拥有了预先在汉水流域进行训练的水军，加上所俘虏的南宋舰船，组织起了一支强大的水军，并为了进一步进军临安而在当地进行短暂休整。需注意的是，宋元史料中对这一系列事件的记载日期各自相差了一天[17]。

而等到元至元十二年，即宋度宗崩后继承皇位的其子少帝德祐元年（1275 年），蒙军在自身水军的保护下，沿长江两岸以破竹之势东下。那么，直面如此危机的宋廷的对策究竟如何呢——不，整个宋廷中有能力看破时局的，除了身处前线能够接触到种种情报的贾似道以外并无他人——那么，贾似道的对策又究竟如何呢？

只要想象一下蹂躏过整个欧亚大陆百战百胜的蒙古军队，就会知道在他们身前的国家绝无机会来确保自己的生存权利。因此，襄阳陷落之后的贾似道早已惊恐万分，并清楚地知道，国家的前途除了奇迹以外别无可以依靠之物。然而贾似道还是维持着表面上的平静，使信赖他的世人以为他能退敌于方寸之间。

总而言之，贾似道暂且针对蒙古大军，将临时召集而来的零散海船布置到安庆附近，逆流而上以迎击蒙军。然而，安庆的守将范文虎身为吕文焕的女婿，早已奉岳父之檄文归降元军，使得贾似道只得亲率舰队留守芜湖。虽说淮西老将夏贵、江淮将领汪立信等纷纷前来支援，然而因为长江中的舰船大多已为蒙军虏获，贾似道舰队以海船为主，在江中甚为不便。在芜湖，贾似道抱着最后的希望，向伯颜提出和议的提议。而伯颜的要求是宋军无条件投降，因此和议并未达成。最终，在芜湖附近的丁家洲遭遇蒙古水军的贾似道军彻底溃败。仓皇鼠窜的贾似道已无颜面回到朝廷面见百官，只得逃往淮东李庭芝处依附之，其间还不忘上表朝廷，在谢罪的同时劝谏天子乘船前往海上避难。

而在临安，贾似道此前出征之时，曾命身为殿帅的武将韩震和其心腹文臣陈宜中留守。陈宜中唯恐被归为贾似道一党，故存心逆贾似道之上表而行，反对巡行海上的建议，并在宫中刺杀了固执地支持贾似道的韩震。在此存亡危机之际发动如此的阴谋内讧，使百僚将士之间的信任土崩瓦解，临安政府也陷入了混乱之中。

此时，状元出身的少壮派官吏文天祥又带着在故乡江西山间招募的两万峒丁与张世杰等武将会和，企图收拾残兵，与蒙古军背城一战。然而这支军队的大部分士兵在开战前便弃甲逃亡，文天祥等人不得不在大街上强制征兵。另一边，之前逃散的败兵开始四处劫掠，就连上述那支正规军也干着同样的事情，其中张世杰所带领的部队即以凶暴著称。

而在朝廷台阁之上，意识到时势已无可为的宰执以下高官们，开始乘夜逃遁，其中自然包括了那位陈宜中[18]。而六岁的少帝和拥立少帝的太皇太后谢氏，眼见无用的抵抗已无法挽回局势，便决定无条件地投降元兵。于是在德祐二年正月，宋帝对元称臣，将传国玺送至伯颜之军门，表示投降（1276年）[①]。

---

① 此事《宋史·瀛国公纪》系于是年二月丁酉朔。（译者注）

九　身后

且让我们将目光再次投向丁家洲战败后被褫夺宰相之位成为一介平民的贾似道之命运吧。当战败的消息传到临安之后，贾似道此前的肱骨腹心之臣，在一夜之间纷纷变成了他的敌人，或嚣然问责，或弹劾往事，或上书言贾似道不臣之状，或论当对他处以极刑。这样做的原因自然是为了撇清自己过去与贾似道的干系。不过，太皇太后谢氏对三朝旧臣贾似道却颇有同情之心，只是下诏将之免官，流往漳州。而负责监押的武臣郑虎臣对贾似道怀恨已久，当贾似道抵达漳州之后，便在当地的木棉庵中将这位可怜的六十三岁老翁拉杀。其事很可能出自最为忌惮贾似道东山再起的陈宜中之指使[1]。而此后，陈宜中更是为了消除自己的罪证而捕杀了郑虎臣。

那些曾为贾似道所笼络、重用，而最终抛弃了他的南宋大官，大多在仕元之后埋首著述，此辈往往对贾似道进行肆意谩骂，并将南宋灭亡的责任归结于其一人身上。而最终的官修《宋史》，亦成于这些人之手。随后更进一步贬斥贾似道的则是明朝学者。明人所编《宋史纪事本末》卷一〇二所谓“似道既相，引外戚子弟为监司郡守”一句，更是直接错抄了《宋史・贾似道传》中用来描述贾似道入相之前关于理宗朝廷

---

① 据《宋史・贾似道传》，指使郑虎臣的并非陈宜中，而是此前在公田法上与贾发生过矛盾的荣王与芮。（译者注）

的话，罔顾贾似道入朝后的种种改革，令吾人对此不胜哑然，相信公正的读者，对于这样拙劣的栽赃手段，应该也会义愤填膺吧。

事实上，在明君忽必烈的心中，亦存有对敌手的公平态度和一定的正义感。他曾在宴会上乘醉询问宋廷投降而来的武将："尔等何降之易耶？"其中一位武将回道："宋有强臣贾似道，每优礼文士，而独轻武官。"忽必烈随即变色说道："借使似道实轻汝曹，特似道一人之过耳。且汝主何负焉？正如所言，则似道之轻汝也固宜。"[19] 对这些降臣来说，即便此刻责难他们的并非万乘天子，也是无法继续为自己开脱的吧。

译注：本书作者于注释中引用古籍原文，多仅作句读，今一律加以新式标点，作者原来句读有失断破句之处，亦径加改正，不另外说明。又，原书引文中括号内的内容，均为作者为方便理解而加的按语，今全部予以保留。

① 关于度宗之母与贾似道之母，宋周密《齐东野语》卷十五"龟溪二女贵"条曰："隆国黄夫人，湖州德清县人……复归李仁本，媵其女以入荣邸。时嗣王与芮苦无子，一幸而得男，是为度宗。然自处极谦抑……秦齐国夫人胡氏，亦同邑人，相去才数里……既而生似道，未几去，嫁为民妻，似道少长，始奉以归。性极严毅，似道畏之。当景定咸淳间，屡入禁中，隆国至同寝处，恩宠甚渥，年至八十有三。"而关于贾似道之母胡氏，元李有（一说李东有）《古杭杂记》曰："贾似道母两国夫人，本贾涉之贱妾。嘉定癸酉，涉为万安丞，似道在孕，不容于嫡。县宰陈履常，新淦人也。涉与之通家往来，以情告之，遂相与谋。陈宰令其妻过丞厅之次，诸妾环侍，谈话间，因语丞妻：'以乏使令，欲借知事一妾。'丞妻云：'惟所择用。'陈妻遂指似道母。丞妻幸其去，欣然许之。即随轩以归县衙。及八月八日，似道生于县治。贾承檄往他郡，归谒于宰，始知之，终不复入丞厅。后改任，虽携似道归乡，而其母竟流落。及似道镇维扬，子母方得聚会，享富贵数十年。咸淳甲戌，以寿终。似道归越治丧，朝士贵戚设祭馔，以相高为

竞，有累至数丈者。装祭之日，以至颠死数人。送葬者值水潦，不问贵官，没及腰膝，不得自便。虽理宗、度宗山陵，无以过之。"

② 关于贾贵妃和周汉国公主，《宋史》卷二四三《谢皇后传》曰："时贾涉女有殊色，同在选中。及入宫，理宗欲立贾……（谢皇后）即立，贾妃专宠。"《宋史》卷二四八《公主传》曰："周汉国公主，理宗女也。母贾贵妃早薨。帝无子，公主生而甚钟爱……乃选（杨）太后姪孙镇尚主……帝欲时时见之，乃为主起第嘉会门，飞楼阁道，密迩宫苑。帝常御小辇，从宫人过公主第……（景定三年）薨，年二十二，无子。帝哭之甚哀。"

③ 关于似道廷对一事，元刘一清《钱塘遗事》卷四"严覆试"条曰："贾似道，嘉熙戊戌以其姊贵妃之故，得赴廷对。时贵妃在大内。廷对之日，节次当事人，供奉汤药饮食。"

④ 关于贾似道与理宗，《宋史》卷四七四《贾似道传》于其任两淮制置使、身在扬州的宝祐二年下曰："威权日盛。台谏尝论其二部将，即毅然求去。孙子秀新除淮东总领，外人忽传似道已密奏不可矣。丞相董槐惧，留身请之。帝以为无有。槐终不敢遣子秀，以似道所善陆壑代之。其见惮已如此。"

⑤ 关于端平更化的失败，《钱塘遗事》卷五"理宗升遐"条曰："上自临御以来，始终崇奖周、程、张、朱诸儒义理之学，故得庙号曰'理宗'……理宗龙颜隆准，临朝坐辇，端严若神。端平初，励精为治，信向真（德秀）、魏（了翁）诸贤。廷绅奏疏，三学叩阍，悉经御览。所言讦直，无不容受，间以罪斥，旋复收用，此其盛德也。"而所谓"端平更化"，便是以权臣史弥远之死为契机，顺从当时舆论，将真、魏诸儒迎入朝中的一种贤人政治。而作为其结果，《癸辛杂识》前集"真西山入朝诗条"曰："真文忠负一时重望，端平更化，人徯其来，若元祐之涑水翁也。是时，楮轻物贵，民生颇艰，意谓真儒一用，必有建明，转移之间，立可致治。于是民间为之语曰：'若欲百物贱，直待真直院。'及童马入朝，敷陈之际，首以尊崇道学、正心诚意为一义，继而复以《大学衍义》进。愚民无知，乃以其所言为不切于时务，复以俚语足前句云：'吃了西湖水，打作一锅面。'市井小儿，嚣然诵之。"又，宋罗大经《鹤林玉露》卷三曰："端平间，真西山参大政，未及有所建置而薨。魏鹤山督师，亦未及有设施而罢。临安优人，装一儒生，手持一鹤，别一儒生与之邂逅。问其姓名，曰：'姓钟名庸。'问所持何物，曰：'大鹤也。'因倾盖欢然，呼酒对饮。其人大嚼洪吸，酒肉靡有孑遗，忽颠仆于地，群数人曳之不动。一人乃批其颊大骂曰：'说甚《中庸》《大学》，吃了许多酒食，一动也动不得！'遂一笑而罢。"可知这种改革，徒然不过是一种笑柄罢了。

⑥ 关于理宗内廷的修内司，《钱塘遗事》卷五"理宗升遐"条曰："在位既

久……信方士，妄称五福太乙。自嘉定己巳，南内巽官，临吴越之分，作太乙宫。又作龙翔宫、集庆寺以祈福。作湖上西宫，造御舟以备游幸。作禁苑芙蓉阁、香兰亭以供游览。又作阎、贾二妃奉先功德寺，极土木之功。专置修内一司，以内侍管领，望青伐木，自德寿故宫王邸、戚里民家、坟茔皆不免。又置修内司庄、御前庄，开献纳之门，没入两争田土，名曰'献助'，实则白取。禁中排当频数，娼妓傀儡，得入供应。宫嫔廪给，泛赐无节……其先朝耆艾六字号夫人者，嘉定六百员，淳祐增至一千员。内藏告乏，则移之封椿左藏库。"又，关于修内司，宋俞文豹《吹剑录外集》二曰："中兴初，凡宫禁营缮皆浙漕与天府共为之。绍兴末，漕臣赵子潚奏，以其事归修内司。本司岁输二十万。其后节次增至六十万。及嘉熙、淳祐间，曾颖秀、赵崇贺、魏峻相继领漕事，前后效尤，倍献其数，遂至一百六十万。而修内司又逐时于左帑关拨，数尤不少。又不时行下天府，以某殿当修、某柱当换，京尹则照例进奉三十万或四十万。"如此，在财源干涸时又将外戚子弟派往地方，收敛财物之后一起献上。而这些行为，必然会扩大以修内司为中心的宦官势力，使之得以置喙外事。对此，《齐东野语》卷七"洪君畴（天锡）"条曰："方宝祐间，宦寺肆横，簸弄天纲。外阃朝绅，多出门下。庙堂不敢言，台谏长其恶。或饵其利，或畏其威，一时声焰，真足动摇山岳，回天而驻日也。乙卯（宝祐三年）元真（谢方叔）以公为御史。"其后文则记录了洪天锡上疏论当去天下三患（宦官、外戚、小人），而后又遭到政敌的反击，不得不去职之事。而当时宦官势力的代表则是董宋臣。《宋季三朝政要》宝祐四年条曰："上以御宝黄册催内藏坊场钱。知严州吴盘奏言：'内库理财甚急，督促大峻。龙章凤篆，施于帑藏之催科；宝册泥封，下同官吏之文檄。居万乘之崇高，而商财贿之有无。事虽至微，关系甚大。它时青史书之曰："以节宝督坊场钱自今日始。"何以为万世法？'董宋臣讽台谏邵泽劾之。"

译注：作者引《钱塘遗事》卷五"理宗升遐"条一段实为原书"理宗升遐"条的下一条"理宗政迹"之内容。

⑦ 关于丁大全通过宦官董宋臣的关系受知于理宗，《宋史》卷四一八《陈宜中传》曰："宝祐中，丁大全以戚里婢婿，事权倖卢允生、董宋臣，因得宠于理宗。"此人继而与陈大方、胡大昌共任台谏，当时并称"三不吠犬"。《宋史》卷四七四《丁大全传》称其任御史时："劾奏丞相董槐。章未下，大全夜半调隅兵百余人露刃围槐第，以台牒驱迫之出，绐令舆槐至大理寺，欲以此恐之。须臾出北阙，弃槐嚣呼而散。槐徐步入接待寺，罢相之命下矣。"而到了他自己身居相位，据当时《西湖游览志余》卷二："丁大全作相，与董宋臣表里……一日内宴杂剧，一人专打锣，一人扑之曰：'今日排当，不奏他乐。丁丁董董不已，何也？'曰：'方今事皆丁董，吾安得不丁董。'"（所谓"隅兵"，即厢兵之意。而

“隅”与“厢”之意义，参《光绪鄞县志》卷八、明王应山《闽都记》卷三二“罗源县”条“国朝分城内为二隅”云云。）

⑧ 关于吴潜，《宋史》卷四一八《吴潜传》略云其为嘉定十年状元，淳祐七年司贡举，端平元年四月与其兄渊一起被弹劾“违道干誉，任用非类”而免官。又曾与谢方叔共同入相但不久即被罢免。而当开庆元年，据《宋季三朝政要》，鞑兵三道入寇：“时相（丁大全）匿报若罔知。吴潜涕泣入奏。”遂取代了丁大全成为了宰相，此后欲将丁大全残党全部赶出朝廷然而终告失败。在另一方面，却也受到了其他强硬派的责难、陷入穷途。如强硬派中姚勉的《雪坡舍人集》卷二九《上丞相吴履斋书》曰：“昨者，伏见国子博士而下数人，以上书言事不遂，相率去国，此恐非明时所宜有。大宰相平日为善类宗主，而刻可听其若此乎？诸学官之所指者五人，其甚盖董宋臣也。一阉不去而诸学官去……此阉去则诸学官自留矣。大宰相如曰：‘吾欲请去之，但恐上以为外廷有党，是避嫌也。’今岂避嫌日乎？”同集卷三尚有《拟上封事》一篇，是为姚氏弹劾董宋臣的疏稿。该文末有说明，曰：“时三月十一日也。学官去，馆中有书援之，通进司弗受。复自草此书，欲明日伏阙。而十一日晚，已有逐董之命，遂不果上。”

⑨ 关于度宗被立为太子，《宋史》卷四二五《刘应龙传》曰：“理宗久未有子，以弟福王与芮之子为皇子，丞相吴潜有异论，帝已不乐。”又，《癸辛杂识》后集“魏子之谤”条曰：“当吴毅夫（潜）为相日，穆陵（理宗）将建储，吴不然之，欲别立汗阺承宣，专任（魏）方甫以通殷勤。”吴潜所主张拥立的“汗阺承宣”究竟为何人已不可知。不过，正因为在此问题上的致命伤，使得吴潜为政敌沈炎所弹劾，并在贾似道的密奏之下被夺去了相位。据《宋史·理宗本纪》景定元年：夏四月戊戌朔，侍御史沈炎疏吴潜过失，以“忠王（度宗）之立，人心所属，潜独不然。章汝钧对馆职策，乞为济邸立后，潜乐闻其论，授汝钧正字，奸谋叵测。请速诏贾似道正位鼎轴”。诏朱熠、戴庆炣轮日判事，大政则共议以闻。”又，《宋史翼》卷十七《方逢辰传》曰：“时上与似道密往复，外廷不得预闻。以宰相不知边报为（吴）潜罪。夜半片纸，忽从中出，吴潜除职与郡。”

译注：此条注中作者引《癸辛杂识》“欲别立汗阺承宣”中“承宣”实为继承之意，见《汉书·匡衡传》：“继体之君心存于承宣先王之德而褒大其功。”作者在按语中将之理解为人名，误。又，据钱大昕《十驾斋养新录》卷八“吴潜建储之谤”，《癸辛杂识》中的“汗阺”应为“汉阺”之误。

⑩ 关于“打算法”，《宋季三朝政要》卷三景定元年条曰：“兵退，行打算法。贾似道忌害一时之阃臣，故欲以此污之。向士璧守潭州城费用委浙西阃打算，赵葵守洪则委建康阃马光祖打算，江阃史岩之、淮阃杜庶、广西帅，皆受监钱之苦，累及妻子。徐、李、杜追系狱。杜死后，追钱犹未已也。”一时之间，众人

均以为贾似道过于苛酷，不过来自官僚界的同情，却也正暴露了当时宋廷军队的无纪律性，和贾似道不得不如此处置的必要性。对于此事，姚勉《雪坡舍人集》卷四录其奏札贴黄曰：“去年汉鄂诸将属大臣统隶者，固皆整然有纪。至于朝廷调遣趋江湖者，臣但见左金吾（夏贵）一军秋毫不犯耳。其余所至贪暴，掠子女、攘货宝，甚于寇也。道路之间，邸舍狼藉，生意萧然。幸不遭虏祸者，乃遭兵祸，岂不失陛下之人心哉！……臣州端阳，积峙颇厚，铜镪累数十钜万，仓米亦可三十万，魁无所用也。……小校吴思忠，江东西宣阃，本迁之戍予章没口，闻虏已去瑞，乃不禀宣阃之命，提兵往来。自谓‘虏退之后，例有检括’，盗仓禀府库之钱粟，发城市富民之窖藏，连搜稛载而去。李虎继至摄郡，又尽其所未尽者而席卷之，毫孔靡有遗者。遂使瑞阳无力可以修复，合举城筑，为之孔艰。今摄郡之将虽窜南荒，所得既充，未失为富。而作俑之偏校，犹漏网者，朝廷不知也。……臣愿陛下，自今出师，戒饬将臣，必用军律。”而其奏札正文又曰：“臣奏云：臣初亦不欲显斥其人，然念事君勿欺，不敢不直言其事。”下录：“玉音曰：‘须要施行。’”此中所记之事，又见同书卷三二《与太守陈监簿》一文，可以作为当时民间舆论之代表。

⑪ 关于贾似道的人事方针。因为最终的失败，贾似道在后世颇有恶名，其传记也被列入了《宋史·奸臣传》，不过当他初登相位之时，却是享有空前人气的。特别是关于他的人事任命，据姚勉《雪坡舍人集》卷三一《答安抚徐矩山（经孙）书》（写于景定元年庚申），可见当时的评价：“有如先生，时之正人，朝之重望，与西涧叶（梦鼎）先生在履斋（吴潜）更化之初，盖天下拟其为第一番召客矣。拂郁公论，以至于今。今右相（贾似道）还朝，无日不委曲为诸贤地。于是当召者始召，而先生与西涧先生首在弓旌之招矣。前日公论之郁者至是而始舒，朝野盖共为之庆惬也。抑斋（愚？）意一二先生还已就治否？但所虑者，抑斋（陈铧）老先生未肯便出耳。愚意谓不如归此二大老于朝，细氈广厦、珍间之馆以佚之，别命时贤为先生及西涧先生之代，然后为得。但未知愚说得行与否也。履斋此番再相，声誉颇减于前，不甚恶丁（大全）之党而善类曾仕于谢（方叔）之时者，每以为谢之党……今右相则不然，内无私人，外无杂客，进拟必询于众，必出于公。除目日有快人意者……今庸斋（赵汝腾）已不来，西涧又未至，在朝幸有王修斋（爚）、江古心（万里）、刘朔斋（震孙）及洪恕斋（汪纲？）数公耳。而杨平舟（栋）已召，可系天下之望，更得先生与西涧先生蚤入，气脉必渐完复也。”同书同卷《答提刑李后林书》曰：“秋壑（贾似道）先生归相，甚加意人才。如庸斋先生之得温陵、陈千峰之帅广右、平舟、西涧、矩山三先生之有召命，皆委曲为诸贤地也。赵德夫之为秘书、欧阳巽斋（守道）之为检阅、陈和平之为架阁，又专以恬退而加旌录。近时后村（刘克庄）复以秘书监

召。日阅除目，多是快活条贯。使天福宗社，政本尽由中书，太平日月可冀。”对贾似道不惜赞美之辞。不过，纠集了如此之多不懂实际政治的空谈家，其结果却是使当时的宋廷出现了南朝式的贵族政治。《癸辛杂识》续集下“道学”条曰：“凡治财赋者，则目为聚敛；开阃捍边者，则目为粗材；读书作文者，则目为玩物丧志；留心政事者，则目为俗吏。”同书后集“贾相制外戚抑北司戢学校”条曰：“崇奖道学、旌别高科之名，而专用一等委靡迂缓不才之徒。高者谈理学，卑者矜时文，略不知兵财政刑为何物。垢面弊衣，冬烘昏愦，以致靡烂澌尽而不可救药。”

⑫ 关于宋代朝廷的繁文缛节。宋廷惯例，当官员被任命高位之时，须在正式赴任之前提出表面上的辞职请求。如《朝野类要》卷一“典礼”条：“正谢：凡宰执侍从等差除，命下之日，即日赴新局，当时便回，却上辞免表奏之。后朝命不允而已受，方始正行朝谢。”这种做法虽在北宋就已实行，要以南宋末为最甚。参《宋史》卷四六《度宗本纪》咸淳四年正月：“庚戌，诏曰：‘迩年近臣无谓引去以为高，勉留再三，弗近益远，往往相尚，不知其非义也。亦由一二大臣尝勇去以为众望，相踵至今。孟子于齐王不遇故去，是未尝有君臣之情也，然犹三宿出昼，庶几改之。儒者家法，无亦取此乎？’”可见当时的所谓辞让之风，而上文中所说的“近臣”，应该指的就是贾似道。

⑬ 关于和籴和会子。南宋时代，政府强制从民间购入军粮的行为被称为“和籴”，政府和籴时并不使用现金，而是使用所谓“会子”的有价证券。《建炎以来朝野杂记》甲集卷十五“东南军储”条曰：“绍兴元年……命户部本钱下江浙湖南和籴米以助军储。所谓本钱者，或以官告、或以度牒、或以钞引。”可见“本钱”并非铜钱。而其中的“钞引”即是以后所称的会子。随着会子的大量发行，其本身的价值渐渐降低。《宋史》卷四二三《王迈传》曰：“乾淳初行楮币止二千万，时南北休息也。开禧兵兴，增至一亿四千万矣。绍定有事山东，增至二亿九千万矣。”《宋史》卷一八一《食货志》“会子”条曰：“绍定五年，两界会子已及三亿二千九百余万。”而此后其大量发行的情况则更为加剧。至于其价值，《建炎以来朝野杂记》甲集卷十六“东南会子”条曰：“今（淳熙十三年）江浙会子一千，率得铜钱七百五十。湖北会子五六百。”也就是说淳熙年间会子的价值不过其面值的五到七成。而最终，面值百贯的会子贬值到了仅能买一夜之醉的程度。

⑭ 关于经界法。终宋一代，民间地籍皆极为紊乱，虽时常有人试图正之，然无不以失败告终。据《建炎以来朝野杂记》甲集卷五“经界法”条，可知南宋初年的情况：“绍兴十二年，仲永（李椿年）上疏，言‘经界不正十害：一、侵耕失税；二、推割不行；三、衙前及坊场户虚换抵当；四、乡司走弄税名；五、诡

名寄产；六、兵火后税籍不信，争讼日起；七、倚阁不实；八、州县隐赋多，公私俱困；九、豪猾户自陈税籍不实；十、逃田赋偏重……平江岁入，昔七十万斛有奇，今实入才二十万耳。询之士人，其余皆欺隐也。'”

可知靠近临安的苏州一地，即有三分之二的田地被有意隐瞒了起来。作为结果，落到贫户头上的赋税也就更重了，作为政府实有必要对地籍进行实际测量，而这也正是经界法的设立、和反过来遭到上流社会之不配合的原因。

⑮ 关于贾似道的专权。《宋史·贾似道传》曰："除太师、平章军国重事。一月三赴经筵，三日一朝，赴中书堂治事。赐第葛岭，使迎养其中。吏抱文书就第署，大小朝政，一切决于馆客廖莹中、堂吏翁应龙，宰执充位，署纸尾而已。"可见其独裁式的权力，而对于宋代经常威胁到宰相地位的台谏，贾似道亦能将之慑服。《钱塘遗事》卷五"台谏应故事"条曰："以季可为察院。时贾相当国，益忌台谏言事，悉用庸儒易制者为之。弹劾不敢自由。惟取远小州太守及州县小官，毛举细故，应故事而已。"除此之外，为了使自己的权力更为牢固，他还不时以辞职来威胁天子。《宋史·贾似道传》曰："又乞归养。大臣、侍从传旨留之者日四五至，中使加赐赉者日十数至，夜即交卧第外以守之。"

⑯ 关于贾似道的古董趣味。贾似道对古代美术品有着强烈的爱好，其葛岭私第中亦藏有许多逸品，而递藏至今日的美术品上更多有其印记。《癸辛杂识》后集"向氏书画"条曰："吴兴向氏，后族也。其家三世好古，多收法书名画古物……长安人刘瑄……言之贾公，贾大喜，因遣刘诱以利禄，遂按图索骏，凡百余品，皆六朝神品。遂酧以异姓将仕郎一泽。（向）公明䌷载之，以为谢焉。后为嘉兴推官，以赃败而死，其家遂荡然无孑遗矣。"又，同书后集"贾廖碑帖"条记载了贾似道命王用和覆刻《定武兰亭》一事，事成之后贾似道还曾"赏用和以勇爵、金帛"。可知他虽极力打击奔竞之士，而本人亦存在种种弱点，在某些方面颇为脆弱。《宋史·贾似道传》曰："赵溍辈争献宝玉。陈奕至以兄事似道之玉工陈振民以求进。"同传所言："吏争纳赂求美职，其求为帅阃监司郡守者，贡献不可胜计……一时贪风大肆。"当离事实不远。

⑰ 关于宋元历日的问题。元阿术军的渡江时间，据宋人记载，乃是咸淳十年十二月十四日丙辰，而元人的记载则是至元十一年十二月十三日乙卯。如宋周密《癸辛杂识》前集"贾母饰终"条记："至十二月十四日，北军透渡。"然《元文类》所收《经世大典序录》"平宋"条曰："（十二月）十三日，复攻阳逻堡。伯颜密谋阿术曰：'……今夜汝以铁骑三千泛舟泝覫上流……遂以昏时溯流二千余里……遂得南岸……'十四日黎明，阿术遣报。"十三日的干支，据《平宋录》所记乃是乙卯。而两国之间日期记载的这种差异，并非偶然龃龉，而是长久以来中国与北方民族所用历日本身便有一日之差。此前宋辽之间便是如此。《石林燕

语》卷三曰："契丹历法与本朝素差一日。熙宁中，苏子容奉使贺生辰，适遇冬至，本朝先契丹一日。使副欲为庆，而契丹馆伴官不受。子容徐曰："历家迟速不同，不能无小异。既不能一，各以其日为节，致庆可也。"契丹不能夺，遂从之。归奏，神宗喜曰："此事难处，无逾于此。"其后奉使者或不知此，遇朔日有不同，至更相推谒而不受，非国礼也。"然而同书卷九又记载了几乎相同的事件，不过卷九中的事件发生在元丰中，虏历的一方要先一日，且并非"伴官不受"而是"契丹趣使者入贺"，最后更是以契丹历为正确历法而结束。当然，从上述引文之首的"素差一日"之语来看，这种历法所产生的龃龉应当不仅仅发生过一次。《铁函心史》的"大义略叙"条曰："鞑近袭金人历法，差于我国颁历一日。"而比较仅存的宋历与辽金元历可以发现，二者除了置闰之外，还有诸多地方相异。宋陆游《家世旧闻》曰："楚公言：辽人虽外窥中国礼文，然实安于夷狄之俗，南使过中京，旧例有乐来迎，即以束帛与之。公以十一月二十日至中京，辽人作乐受帛自若也。明旦，迓使辄至止不行，曰：'国忌行香。'公照案牍，则胡忌正二十日也。因移文问，胡曰：'去年昨日作忌，今年今日作忌，何为不可。'盖利束帛，故徙忌日耳。"其实正是因为宋历的十一月二十日要比辽历早一天，和苏子容的事件同属一类。而关于宋金两国历日的差别，《金源札记》中虽已有所考证，然而却不如上述宋辽之间差别那样可以找得到比较合适的史料来说明。到了南宋末年，由于宋蒙之间频繁交涉之故，同一事件的记载上有一日之差的例子却是颇多的。如景定五年（1264 年）秋七月，天上的彗星令人间骚动一事，宋人的记载是："景定五年秋七月甲戌，彗星出柳（《宋季三朝政要》卷三）。""景定五年甲子七月初二日甲戌，彗见东方柳宿（《齐东野语》卷十七）。"记载的是七月二日甲戌这一天，然而同一颗彗星，当时被囚禁在真州的郝经的记载却是："长星行。甲子岁七月一日始见，九月十六日没（《郝文忠公集》卷十二）。"与宋人的记载有一日之别。又，宋德祐二年、元至元十三年（1276 年），临安沦陷，现在将《宋史》和《元史》诸本纪对此事前后的记载比较如下，《宋史》："二月（十五日）辛丑，率百官拜表祥曦殿，诏谕郡县，使降大元。"《元史》："二月庚子，宋主㬎率文武百僚诣祥曦殿，望阙上表，乞为藩辅。"而关于投降之翌日的记载，《宋史》："壬寅，犹遣贾余庆、吴坚、谢堂充祈请使。"《元史》："辛丑，宋主㬎遣其右丞相贾余庆等充祈请使。"此后关于宋主到达上都、朝觐元世祖一事，《宋史》本纪和《钱塘遗事》卷九"丙子北狩"条记载的分别是："五月丙申，朝于上都，降封开府仪同三司、瀛国公。""五月初二日，作初见进贡礼仪。"应当是五月二日丙申无疑，然而《元史》本纪的记载却是："五月乙未朔，伯颜以宋主㬎至上都，制授㬎开府仪同三司、检校大司徒，封瀛国公。"并将此事系于五月一日乙未之下。而《新元史》则将此条《元史》拆为两条，自"伯颜"至

"上都"系于乙未日，自"制授"以下系于丙申日。按:《新元史》实大误。以正史本纪的书法而论，"伯颜"云云九字不过是一种插入语，制授的日期必为乙未朔。这一谬误，正是因为《新元史》作者不知宋廷于北方政权历日有别而造成的。然而，解释这种历日差别的原因却是极为困难的。若是如前文所引诸种宋元史料那样，宋元之间的日期和干支都相差一天，那么对于宋元之际的南方人来说，就不得不在某一天沿用昨日的日期和干支，以牵合元历，这无疑是难以想象的。恐怕两国之间的干支本属相通，只不过长久以来在日期上相差一日，尔后在文书整理之际，便依据宋历加上了各自不同的干支吧。如此一来，对中国古代所使用不规则置闰法的太阴太阳混合历来说，之后应该是很方便修正这种日期差异的吧。以上所论，可供后来学者在模仿钱大昕撰写《宋辽金元四史朔闰表》或《三正综览》之类的长历类著述时注意。

⑱ 关于宋末士风，可参考《建炎以来朝野杂记》乙集卷三"孝宗论士大夫微有西晋"条孝宗的议论，另外，《癸辛杂识》续集下"道学"条中所记周密前辈沈某之语，乃谓贾似道时代的士风:"异时必将为国家莫大之祸，恐不在典午清谈之下也。"初不过一种预测，而后却不幸在南宋灭亡之际成为了事实。下文即根据《宋史》卷四七《瀛国公纪》德祐元年条，将国家危急之际大臣的逃亡情况一一列出:

> 二月辛未，右丞相章鉴遁。
>
> 三月丙子，侍御史陈过请窜贾似道……不俟报而去。
>
> 庚寅，左司谏潘文卿、右正言季可、同知枢密院曾渊子、两浙转运副使许自、浙东安抚王霖龙相继皆遁。签书枢密院文及翁、同签书枢密院倪普讽台臣劾己，章未上，亟出关遁。
>
> 辛卯，命在京文武官并转两官，其畔官而遁者，令御史台觉察以闻。
>
> 十一月甲午，权礼部尚书王应麟遁。
>
> 乙未，左丞相梦炎遁。
>
> 十二月庚申，权吏部尚书丁应奎、左侍郎徐宗仁遁。
>
> 德祐二年正月庚午，庚午，同签书枢密院事黄镛、参知政事陈文龙遁。
>
> 辛未，命吴坚为左丞相兼枢密使，常楙参知政事。日午，宣麻慈元殿，文班止六人。
>
> 癸酉，左司谏陈孟虎、监察御史孔应得遁。
>
> 己卯，参知政事常楙遁。
>
> 庚辰，签书枢密院夏士林遁。

甲申，是夜，丞相陈宜中遁。

而最后被推上相位的，却只是毫无政治经验的书生罢了。据《铁函心史》的“大义略叙”条：“伯颜胁全太后幼君出国门。丞相吴坚、贾余庆、参政家铉翁、刘岊以下官僚，并奏乞封赠三代及妻孥，太后从之。”到了这种时候，还在务求虚名。

⑲ 关于宋降臣与元世祖。《元史》卷九《世祖本纪》至元十三年二月庚申条曰：“帝既平宋，召宋诸将问曰：‘尔等何降之易耶？’对曰：‘宋有强臣贾似道擅国柄，每优礼文士，而独轻武官。臣等久积不平，心离体解，所以望风而送款也。’帝命董文忠答之曰：‘借使似道实轻汝曹，特似道一人之过耳，且汝主何负焉？正如所言，则似道之轻汝也固宜。’”

第二编
资本家与地方官

晋阳李氏

五代史上的军阀资本家

一　军阀时代

所谓的五代，即从中世的唐向近世的宋的过渡时代。从另一个角度来说，五代又是一个处于社会上层的世袭性贵族势力逐渐崩坏、新兴官僚士大夫阶级逐渐成立之间，由军阀们所掌管的时代。而这些军阀既是一介武夫，又是资本家，掌握着当时社会的绝大部分财富。就这一点而言，当时社会当与民国初年直系、奉系和其他大小军阀割据的情况有所相似。可以说，这些军阀一方面身为莫大的资本家，投入财力组织起一支支私人军队；另一面又利用私人军队，积累起了私人财富以自肥。

当然，五代的形势并非一夜之间所形成。早在唐末，各地节度使已掌握了地方的兵马财政，用军队建起各自封疆，直接使用地方财政休养兵马，宛然独立王国，而这也最终成为了

原题为“五代史上的军阀资本家——以晋阳李氏为例”，小节划分及标题为编者所加。（编者注）

唐王朝灭亡的最大历史原因。面对这种情况，我试着以具体的实例为研究对象，以图对当时社会的大致形势进行一种鲜活的描绘。而为我所选中的，便是晋阳的军阀资本家李嗣昭一族。

唐末以来，在黄河沿岸，即所谓中原地区存在着三大系统的军阀割据势力。其一是河南军阀朱全忠，其军队乃是自曾引起天下大乱的黄巢之军队脱胎换骨而来。其二则是以魏博为中心的河北军阀，乃是玄宗天宝年间曾引发大乱的安禄山、史思明之余孽。其三则是山西军阀李国昌、李克用父子，以沙陀部族为中心，乃是当是北方兴起的一股新势力。三大系统中，河南军阀因为地利的关系最为强大，朱全忠甚至直接篡夺唐室，建立起了后梁王朝（907 年）。而与河北军阀对后梁的追随相反，山西军阀李克用基于和朱全忠的个人恩怨，对后梁采取了彻头彻尾的反抗态度，视朱全忠为逆贼并自称晋王，以便讨伐后梁。因此，后梁虽大体控制了黄河流域的中原地区并享有正统王朝之名，然而晋军的存在，也使后梁绝不能高枕无忧。

晋王李克用的根据地是位于山西省中部的晋阳，又名太原。虽在其东方同时受到河北军阀以及后梁的压制，然而凭借着对山西山地较多的地理环境的活用，在经历了最初的困苦之后，李克用对后梁取得了最终的胜利。

与当时的其他军阀一样，李克用收有许多义儿。而他之所以能够抵挡得住后梁的压迫，则是因为其亲生儿李存勖屡次在战斗中为他扭转了局势，至于最终颠覆后梁，亦有赖于义儿辈的尽心尽力。诸位义儿之中，以李存孝最为骁勇，而他的获罪被杀也使李克用的军队陷入一时之不振。而此处欲研究的李嗣昭，则是李克用之弟李克柔的义儿[1]。

二　李氏父子

李嗣昭出生不明。据《新五代史》载本姓韩氏，汾州太谷县民家子。李克用出猎至其家，适逢此家生子，于是便用金帛买取此儿，命其弟李克柔养以为子，而此儿即是李嗣昭了。李嗣昭其人短小，而胆勇过人，屡立战功，为李克用所宠爱。因此与其说他是李克柔的义儿，不如说他是李克用的义儿。事实上，《新五代史·义儿传》序中便将他算作李克用的其中一名养子。

此前，正当晋军不利，朱全忠势如破竹入侵山西，将李克用的根据地太原团团围困之时，李克用的部将纷纷建议他应远走北方的云州，甚至奔于契丹。而李嗣昭则坚持认为应当固守太原，绝不让步，并最终使用游击战术困乏敌军，得以解围（天复元年，901 年）。等到李克用去世，其亲子李存勖继承晋

[1] 关于李嗣昭一族之史料，本文所据主要有《旧五代史》卷五二《李嗣昭传》、卷九一《李继忠传》，《新五代史》卷三六《李嗣昭传》，《文献通考》卷二三《国用考》等。

王之位，时局颇为困难，其时支撑国势的其中一股力量，亦是李嗣昭其人。

另外，李嗣昭之妻杨氏非常贤惠，殊能蓄财，平生居积行贩，累至百万，而李嗣昭之所以能够帮助李存勖维持对后梁的战争，这笔财产便是其中的关键因素。甚至可以说，整个足以和后梁抗衡的晋政权，是有赖于这位妇人的。

李嗣昭阵亡于对契丹的战争中[1]，其第二子继韬在囚禁乃兄之后坐上了族长之位。他还继承了父亲的职位，成为了昭义军留后，从而掌握了父亲曾率领的军队。然而，就好像中了邪一般，李继韬背叛了父亲的遗志，与后梁暗通款曲。当时的后梁正处在朱全忠死后的末帝时代，继韬的臣服令末帝大喜过望，随即官拜同中书门下平章事。而为了表示自己对后梁绝无二心，继韬甚至将两个儿子送往后梁，作为人质。继韬突然变节的原因至今不明。史书曾给出理由，认为在李继韬看来，后梁在战争中处于优势地位，迟早会将晋政权消灭，不如早日抽身而去云云[2]，可是实际情况应当比史书的推测要复杂得多。我以为，继韬的变节，乃是一种兄弟间遗产分配所造成的家庭纷争政治化之结果。而李继韬排挤长兄继俦，成为族长的过程既已不详，恐怕此中更有其他阴谋算计亦未可知。

然而，天下形势却发生了逆转。随着河北军阀背叛后梁

---

① 李嗣昭于镇州征伐张文礼之时，中箭而亡。（编者注）

② 此处的“史书”指的是《旧五代史·李嗣昭传》所附《李继韬传》的说法。（译者注）

而投靠晋政权，晋王李存勖的实力大大提升，在与后梁的战争中连战连捷，最终攻陷了敌人的首都开封。后梁末帝自杀之后，晋王李存勖于开封即皇帝位，改国号为唐，成为了历史上的后唐庄宗。

经过一番对出路去就的踌躇之后，李继韬否决了其弟继远提出的带领军队坐镇潞州以延岁月的主张，选择采纳母亲杨氏的忠言归顺后唐。杨氏本在太原一意蓄财，听闻爱子之事后，立即带着数十万两银子与李继韬一道前往京师，先以重金厚赂天子侧近的宦官伶人，随后又发动庄宗的刘皇后代为求情。最终，被宦官伶人和皇后之语打动了的庄宗发布赦令，赦免了继韬之罪。

三　手足之间

事实上，当时的天子庄宗也有自己的考虑。此前，他已为对立下战功的部将进行赏赐之财源从何而来这一问题困扰许久。与后梁的连年战争，早已耗尽国库所藏，而民间土地亦荒废已久，连继续榨取人民的手段都不复存在。对庄宗部下来说，掠夺李继韬的家族积蓄以为赏赐，无疑是非常合适的。所幸，随着李继韬的归顺，榨取其财产也变得合理合法。史料中并未记载李继韬为保全身家究竟花费了多少钱，不过稍微想象一下便可知道，那一定是个莫大的数额。

庄宗固然饶了李继韬一命，却将之软禁于国都，将其部下军队安置在潞州，又将其母送回太原。而继韬虽然时常为天子所召，从其狩猎，可是他应当也是如坐针毡的。另一方面，在潞州的继韬之弟继远从一开始便反对归顺，此后更是和继韬达成默契，假装引发兵变，希望朝廷派李继韬带兵前往镇抚，从而达到脱离庄宗掌控的目的。可是，这一戏作般的计划中途暴露，继韬、继远兄弟被逮捕，和此前送往后梁作为人质的继韬二子一起被处以死刑。

此时的潞州，安置着臣服于李嗣昭、李继韬两代的军队。这些军人早就对朝廷的处置抱有不满之情，朝廷使其军移戍边塞的命令更令他们疑窦丛生，有个名叫杨立的小校更准备聚众兵变，所幸很快为朝廷所平定。杨立此人，史料（《旧五代史》卷七四）中并未详细交代其出身，想来应当与李继韬之母杨氏有一定的关系。

而随着李嗣昭的二子继韬、末子继远的被杀，族长之位又回到了长子李继俦的手中。此人生来懦弱，先前曾为其弟囚禁，而现在既然恢复了族长之位，便开始一意报复，悉取继韬的财物、姬妾以为己用。对此非常愤怒的弟弟继达，遂穿上丧服，引数百骑坐戟门，使人杀死继俦，此后本拟于潞州举起叛旗，失败之后，“将奔契丹”，却又因“麾下奔溃”，只得在中途自杀。

当时诸李之母杨氏仍然健在，不过因为自相屠害之故，仅存三子继忠、四子继能和五子继袭而已。家门之不幸仍在继续，天成初年（926 年）杨氏去世之时，时任相州刺史的四子继能假借服丧的名目，驰归太原以争夺遗产，向负责管理杨氏钱财的婢女责问钱财，并为此将之拷问笞死。婢女之家人随即向政府告变，又言继能意在“聚甲为乱”，最终导致了继能及其同谋——五子继袭被逮捕伏诛。在如此众多的兄弟之间，如今只有善病的继忠保全首领，侥幸地成为了这笔莫大遗产的继承人。

四　后代命运

回看这段历史便可发现，以一介妇人杨氏之手腕成就的李嗣昭一族之财产，如具神通般，在当时的社会上引起了一次又一次的波澜。其最初，是作为晋国在种种困难中发展到后唐王朝的基础；而后又曾为身为晋国柱石之臣李嗣昭之子却叛国投敌的继韬所用，在其归顺后唐，继而不久后被杀的过程中，一定程度上缓和了后唐的财政困难；最后，当李继韬死后，潞州兴起叛乱，兄弟数人亦几乎相杀屠戮殆尽。这一系列的事件，想来应该耗去了李氏的一大部分财产，然而故事到此远远没有结束。

后唐庄宗虽历经千难万苦灭亡了后梁，建起后唐王朝，然而他在夺取天下之后萌生了轻慢之心，很快失去了对军队的控制，在内乱中被弑杀，叛军随后拥立了李嗣源为皇帝，即后唐明宗。而这位明宗亦是李克用众多义儿中的一人，属于庄宗的义兄义弟辈。明宗一代的政局较为平稳，可是到了明宗之子闵帝即位之后，明宗的义儿李从珂发动叛乱，弑杀闵帝之后登上了帝位。而此前明宗曾将一女嫁与石敬瑭，此时石敬瑭任河东节度使，镇太原，他由于向来与李从珂交恶，对之有所警戒，故立即发兵谋叛，并向契丹借兵，最终打败了唐兵，进入国都洛阳。随着李从珂自杀，后唐便就此灭亡，石敬瑭也马上即皇帝位，成为了后晋高祖。

因为石敬瑭在契丹的帮助下方才成就帝业，作为谢礼，遂将"燕云十六州"割让给了契丹，此举因其留与后世的巨大祸患而臭名昭著。时任石敬瑭参谋的刘知远从一开始便反对割让，主张只须暂时借与契丹即可，然而石敬瑭却认为，除割让外别无他法。石敬瑭之所以这么认为，则是因为彼时的他正面临极度的军费短缺。

谋反之初，就供养一支军队而言，石敬瑭所拥有的物资无疑是非常匮乏的。另外，既然得到了契丹骑兵的援助，事后又必须支付一定的慰劳金。而此时进入石敬瑭视线的，便是李继忠的财产了。

李继忠在母亲杨氏死后的家庭悲剧告一段落之后，便回到晋阳继承了偌大的遗产。石敬瑭恐怕是以借用的名义，强制性地命令李继忠供出财物。甚至还使人"就其第，疏其复壁，取其旧积"，最终"所获金银纨素甚广，至于巾屦琐屑之物，无不取足"。终于，在李氏积蓄的基础上，石敬瑭凑足了给契丹骑兵的谢礼。所以说，后晋之所以“既济大事”，皆拜李氏之财产所赐。

至于后晋高祖即位之后有没有返还这笔借款，史料并无明文，而想来亦是不会返还的吧。不过作为补偿，李继忠虽有旧恙，高祖还是对之特别优待，任其为单州刺史，赐输中奉国功臣，此后又入其为右神武军统军这样的禁卫军大将，尔后出领隰州、泽州刺史，最后其又入朝为右监门大将军，并于开运三年（946 年）殁于国都。自此以后，李氏一族便消失在了史书上。

可是等到后晋为契丹所灭，时代经过后汉来到后周之时，又出现了一位名为李彦颙的人物。此人初仕后周太祖，任榷易使这一财政官员，到了世宗时又任延州兵马留后，到镇之后因其为官“窥图剩利”致使当地“群情大扰”。附近的蕃部亦对之抱有反感，兴起骚乱，“围迫州城”。所幸邻郡救兵及时赶到才没有酿成大祸。此后，李彦颙又在西京、泗州、沧州等地为官，到任之处皆“处置乖方，大为物情所鄙”。不过，向来明察秋毫而又喜用严刑峻法的世宗对此人却多“委曲庇护，竟不之责”，想来是因为此人或是具有非常优秀的财政手段，或是本身所拥有的财富足以帮助整个国家吧。而此人既是太原人，又“本以商贾为业”，可能与李继忠存在着某种史料未能记录的关系，亦未可知[1]。

① 作者此段基本根据《旧五代史·李彦颙传》。（译者注）

五　财源分析

在后代看来，五代五十四年的历史本身已经非常短暂，而其中的五个王朝更是短命政权的代表。最初的后梁享国十六年，之后的后唐十三年，再之后的后晋十一年，合计三代四十年。之后的后汉和后周加起来两代亦不过十四年。既然晋阳李氏的财力曾左右过后梁、后唐和后晋三个王朝的命运，那么可以说，其已经掌握了五代中四分之三的时间了。联想到李氏的财产大多由杨氏聚敛而来，可知一介妇人的力量亦能够推动整个五代形势的发展。不得不承认，这种妇人之力实在伟大。

那么，接下来的问题便是，杨氏是怎样获得如此数量庞大的积蓄的呢？遗憾的是，并无明确记载这一点的史料。当然，五代时的军阀本身也可以被视为一种资本家，其资本基于其对地方政权的掌握，并借此对人民进行剥削榨取。可是所谓的榨取是存在一定限度的，军阀本身也绝没有拥有过如杨氏所拥有的巨大资本。所以，处在今日的我们若对杨氏的蓄财手段进行一定程度上的想象，那么便必须站在她的立场上对晋阳一地进行考察。

五代时期，今日的山西省——特别是处在山西中心的晋阳——无疑是一处要地。五代之中的后唐、后晋、后汉三个王朝都是以晋阳为根据地发迹的。而后汉在丧失中原之地后，其遗族仍能回到此处形成名为北汉的独立王国，甚至在宋朝一统天下的过程中，最后被攻灭的亦是北汉。此地之所以有这些特点，其一是因为此地自唐末以来即是沙陀部族入侵中原的必经之路，保存有夷狄的勇猛作风；其二则必须承认，此地之人拥有进行军事活动的充足财力。

时至今日，山西省仍以铁和煤炭的产地闻名，而在唐末五代这样的乱世，武器制造所必需的铁和制铁所必需的煤炭一定更为贵重。考虑到宋代磁州陶瓷制造业已经十分发达，汴京的居民亦已以煤炭作炊爨之用，则五代之人或许也已经认识到了煤炭在加热上的作用了吧。此外值得注意的历史上的山西特产，便是明矾。关于明矾非常有名的一点是，此物在宋代属于国家专卖品，私人能从中获益者绝少[1]。而从宋代国初即实行明矾专卖这一点，亦可以窥见山西产的明矾在社会和经济上所占的重要意义，是从五代一直延续到当时的。明矾作为媒染剂，是染色的必需品，而鞣制兽皮的过程中亦需明矾。在五代这样的战乱之世，与武器相关的皮革品制造之需求自然激增。古往今来，皮革制品在武器制造中都占据着十分重要的地位，五代以来即从民间征发牛皮，在宋代甚至留下了“牛皮税”这样的名号。在群雄割据的时代，就算是为了从敌人手中获得能够制造武器的商品，亦是值得屡次潜入敌国购买，或是公然以其他必需品与敌国交换的吧。因此，山西的明矾销往全国各地绝非不可思议之事。而晋阳李氏所贩卖的商品中，恐怕一定是有明

---

① 关于明矾在经济史上的意义，参照佐伯富《宋代的明矾专卖制度》，载《东亚人文学报》一之四。

矾的。

而山西省的北部则产有白银。虽说整个华北的银产地着实稀见，不过山西省五台山附近即有数处银矿。在五代末期割据于此的北汉，曾采纳五台山僧继禹的建议，经营柏谷一地的银山，以所产银两作为输送契丹的岁币，其中岁币即有每年千斤——即一万六千两之巨，想来总产银量应该更为庞大①。而该处银矿是否始兴于北汉，实无明证，或许我们可以做一种想象：早在晋阳李氏的时代，此家族便已经营过这座银山，以之为蓄财的一种手段。当然，不管怎样，李氏拥有数量众多的白银是不容辩驳的事实。

其次，我们需要考察的，便是五代时山西省在交通上的特殊位置。本来，从西域到东亚的交通线以甘肃的玉门、阳关、兰州到长安、洛阳沿线进入中原为主，而在这条交通线以北，还存在着从额齐纳、五原、包头，经山西省北部进入热河的另一条与之平行的交通线。这条较北的交通线在元代曾非常繁荣，无疑与蒙古帝国的崛起有关。而当五代时，热河附近的契丹势力正当勃兴，契丹与西域也维持着紧密的政治、经济联系，如此一来，上述那条交通北线亦理应非常繁荣。此时的山西省，也成为了这条交通大道通往中原地区的支线所必经之地，早已不是以前处于整个交通体系之外的样子了。而随着契

① 关于柏谷的银冶，《续资治通鉴长编》卷四乾德元年闰十二月丙子条载：五台山僧继禹“又于柏谷置银冶，募民凿山取矿烹银。北汉主取其银以输契丹，岁千斤。因即其冶，建宝兴军”。

丹的日趋隆盛，位于中原和契丹交界处的山西也在对契丹商旅的贸易中占据了绝好的位置。

另外，晋阳乃是五代中三代的创业根据地，又是十国中一僭伪之国的国都，在此期间出现李氏这样的大资本家，实非偶然。

李嗣昭之妻杨氏积累财富的方法至今仍然不明。其中，《旧五代史》只是以“设法贩鬻”一笔带过，而《新五代史》亦仅谓“居积行贩”而已。不过毫无疑问，这些描述所指的都是以投机为目的的贸易行为，并非如后汉樊宏那般，通过建立广阔的庄园来自行积累生产[1]。在李克用的诸多义儿中，尚有名李存信者，乃是回纥出身，“能四夷语，通六蕃书”，虽战功无多，却依然得到了李克用的重用并被收为义儿[2]。而李克用所看重的，或许便是李存信身为外交官的才能吧。当时的沙陀部族，如桑原骘藏博士所指出的那样，并不单单是未开化的半游牧民族，而是包含有各种其他民族之特色的混合部队，与其他北方系统的诸民族之间维持着一定的政治和经济关系。因此，李存信这样的外交官无疑是李克用所必需的。而考察杨氏的经济活动，也必须将这一因素纳入整个大背景之下进行。

① 参《后汉书·樊宏传》。（译者注）

② 作者此处参考了《新五代史·李存信传》。（译者注）

六　军阀资本家

五代军阀，在作为将军的同时亦是一种资本家，他们无不尽可能地压榨领内人民，获取私财，随后又不得不动用私财来供养手下的军队。而除了晋阳李氏之外，魏博军阀出身的赵在礼也以富有闻名。此人于后唐时在宋州任归德军节度使，“所为不法，百姓苦之”，而当听到在礼离任的消息之后，百姓欣然说道：“可为眼中拔钉子，何快哉！”此语传入在礼耳中后，他随即奏请朝廷，“更求宋州一年”，于是回到宋州的在礼“命吏籍管内户口，不论主客，每岁一千，纳之于家，号曰‘拔钉钱’”。而他所拥有的莫大财富，也引起了后晋出帝的注意，最终为其义儿延煦娶了在礼之女为妻。在礼为此送出三千匹绢作为结纳，而婚礼亦极尽奢侈，号称费用千万[1]。

而若要获得镇守藩镇以支配当地之土地和人民的机会，则须向中央身处要路者行贿。如曾仕后唐出帝、主司机密的刘延朗，在任命诸将为州刺史时并非依据功绩，而是根据诸将的贿赂情况决定。及唐晋革命之际，为晋兵所追逃而经过自家之时，这位刘延朗还发出了“我有钱三十万贯聚于此，不知为何

---

[1] 作者此段基本参考了《旧五代史·赵在礼传》，其中“拔钉钱”一事，乃出此传末所附邵晋涵等《旧五代史考异》引《五代史补》。又，赵在礼之女婚礼的细节，如纳绢三千匹、费用千万等，乃出《新五代史·晋家人延煦传》，与《旧五代史·晋宗室列传》延煦条下《考异》引《资治通鉴》卷二八五“在礼自费缗钱十万，县官之费，数倍过之”的记载有异。（译者注）

人所得”的感叹，最终为追兵捕杀[1]。

然而军阀的资本来源，并不仅仅限于税金和贿赂两项。税金本来并非地方官的私产，而应该是向朝廷缴纳之物。说到底，当时的地方官不过是代替朝廷实行了供养军队之义务罢了，就算是将之中饱私囊，也是有限度的。而贿赂更是一种临时“收入”，并不能提供恒久的利润。获得莫大财富所需要的，是瞄准机会进行投资的资本运转手段。以前文所述的赵在礼为例，史书便曾记载他在“两京及所莅藩镇，皆邸店罗列”，可谓当时零售业的总经理人[2]。

每当五代史书论及这些军阀资本家之时，总是将其蓄财过程简单地划归为对人民的苛敛诛求，其实事实远非如此。一方面，资本积累必须通过商业行为进行。如袁象先其人，虽曾“诛敛其民，积货千万”，然而从此前他便已经“所积财产数十万，邸舍四千间”这一点来看，其财富还是主要来自资本运转的[3]。另一方面，在五代这样一个特殊的时代，最初的资本获

---

[1] 作者此段参考了《旧五代史·刘延朗传》。（译者注）

[2] 见《旧五代史·赵在礼传》。（译者注）

[3] 作者此处参考了《新五代史·袁象先传》。然而原传中“诛敛其民，积货千万”指的是象先在宋州任上所为，“所积财产数十万，邸舍四千间”则是概括象先平生之语，位于“诛敛其民，积货千万”之后。而据中华书局点校本《新五代史》校勘记，“所积财产数十万，邸舍四千间”中“十万”，唯百衲本影南宋庆元本作“千万”，他本均如作者此处引作“十万”。揆诸传文“庄宗灭梁，象先来朝洛阳，辇其资数十万”之语，可知袁象先一生所积必不止十万，当从百衲本作“千万”。而作者此处之所以误将传文中二事颠倒，实际上也是因为作者所见《新五代史》版本误作“十万”，便以为“所积财产数十万”者在前，而“积货千万”者在后了。（译者注）

得方式亦具有时代特殊性——那便是掠夺。

关于以掠夺获得财产的事例，首先需要提及的是张氏兄弟。这对兄弟包括兄长张筠和弟弟张篯。此前有名为侯莫威之人，曾在长安与温韬同剽唐氏帝陵，大贮镶异之物，而当张筠被命为雍州永平军节度使赴任长安之后，非但立即诛杀侯莫威并籍其家，又于长安故宫内掘地，继获金玉，更擅自继承了其前任康怀英的丰厚遗产，蓄积巨万。他的这些际遇或许已经足够幸运了，可幸运这种东西一旦沾上了，大概也就再也不会离人而去吧。当后唐灭亡前蜀之后，前蜀王王衍本被命挈族入朝，然而当一行路过长安时，京兆尹张筠却领到朝命将王衍一行诛杀，顺便也将王衍的资财变成了自己的私藏。此人晚年得归洛阳隐居，或许因为其运势过于强大，亦未曾为那些被害者之灵作祟过，“第宅宏敞，花竹深邃，声乐饮膳，恣其所欲，十年之内，人谓‘地仙’”。不过他虽以掠夺起家，对人民却颇有善政，以至于为人呼作“佛子”。而他最后得以善终，也许就是所谓的阴德阳报吧[1]。

而弟弟张篯，亦曾参与张筠在长安掠夺王衍财产的计划。而到了后晋时，张篯又领受朝命和湖南独立君主马希范的许可，充任使者，前往湖南。张篯与马希范颇有旧，想来在马希范对之应多有优待，而张篯也带上此前从蜀王处获得的奇货在湖南贩卖，“又获十余万缗以归”。此后，张篯再次奉命前往西

[1] 作者此段基本参考了《旧五代史·张筠传》。原传此后尚有张筠乞归长安之后恰逢洛阳大乱，并最终善终于长安之事。（译者注）

蓄购买马匹。然而，或许是因为吞没了部分公款的缘故，他很快因为购入马匹的恶劣而为有司纠弹，最终“愤惋成病而卒”的他，比起乃兄的运势，还是差了很多。张氏兄弟出身海州，又“世为郡之大商”，可以想见，兄弟两人的资产恐怕不仅依靠掠夺而来，而是兼有一些资本运转的商业活动的。

综合以上各点可知，五代时期的军阀资本有着共同的特点，与中世时以庄园为基础的资本运转不同，五代的资本基本上属于从商业运转得来的动产利润。而最能代表这种特点的，便是晋阳李氏。更进一步地说，军阀们为了追求商业利益，便必须抓住机会，得到一笔基础资金以为资本。而掌握政权本身，亦不过是为了在商业活动中占得便宜而已。当时，由军阀经营的商业活动——被称为“回易”或“回图”——颇为频繁，甚至还取得了中央政府的默许，免去了其中的商业税。此种回易可以说是一种半公半民的特殊事业，利润也极为丰厚。商业本身虽带有投机性质，然而依托于政权的商业活动享有独占式的特权，可保证其绝对有利可图。

而军阀享有的这般特权在宋初仍然存在。宋朝自太祖以来便致力于消解地方军阀，不过却又不得不承认北方契丹国境附近之军阀的特权，用以维持所谓士马精强的状态。宋太祖即专门针对关南李汉超、瀛洲马仁瑀、常山韩令坤、易州贺惟忠、棣州何继筠、西山郭进等人，将莞榷得利悉数授予，以保证这些地区的军费充足，又免去其地回易的征税，使得边臣享有丰厚的财产以豢养死士，进而完成国境守备的任务[1]。所谓"莞榷得利"，即允许这些军阀自由贩卖政府专卖品，而同时政府也不向他们收取商业税。这种沿袭自五代之风的举措，在宋太祖之时已只存在于北方国境附近了。太宗之时，便将这些地区所享有的特殊政策全部取消，边境和内地的地方官也统一地受到了中央政府的监督。

七　流散与转变

那么接下来的问题便是，五代军阀资本家是如何渐行崩坏并转换为宋代官僚资本家的。而我们首先需要考察的，则是五代军阀资本家所具有的渐进性变化。

军阀资本家的本来面目，是如上文所述的李嗣昭那般，身为勇猛的武将，统率由凶悍部下所组成的军队，再利用其政治地位积蓄私财，而后以私财给养部下。不过，对这类军阀的子孙来说，想要维系父祖的财产，就必须得继承父祖身为武将的材质不可。如李嗣昭之子李继忠，就因为病弱不堪为将，其资产也就此为后晋高祖石敬瑭强制借去，最终不过是靠着后者

---

① 关于宋初北方防卫军将领的配置，参《续资治通鉴长编》卷十七开宝九年十一月庚午条下注、《宋史》卷二七三《李汉超传》。而上述两种史料均谓李汉超镇抚"关西"，然此人实在关南兵马都监、关南巡检任上有能名，故此处改为"关南"。

的一番好意才得以维持自己的社会地位。而当时的武将以自己的部分积蓄分配给部下将士，树立恩威，其目的实际上也是让这些将士守护自己的子孙。也就是说，他们是非常希望能将私财传给下一代的。这种行为也造成了一种结果，那便是所谓二世军阀与中央政府的紧密结合。因为大多数二世军阀对自己的军事才能并无自信，于是主动献财于中央，以保有自身的地位。这种二世军阀对中央贡献的风气也逐渐流行起来。如《新五代史》所言："自（后唐）庄宗以来，方镇进献之事稍作，至于晋而不可胜纪矣。"[1]然而，同时期由方镇贡献所导致的另一个平行发展的现象却是中央集权的再现。如前文曾举以为例的军阀资本家袁象先死时，未将财产均分给诸子而是全部留给了长子正辞，而正辞此后向后唐废帝献钱五万缗，以领衢州刺史。到了后晋高祖时，他又献五万缗得任雄州刺史，然雄州地处偏远，遂又献数万缗得免，后晋出帝之时又献钱三万缗以求内郡，却在任命下达之前病死[2]。此外，身为勇敢的武人而为后唐屡立战功的房知温，同时又是一位有钱数屋、良马千匹的大资本家。当他在后晋初年死去之后，其子房彦儒向朝廷"献其父钱三万缗、绢布三万匹、金百两、银千两、茶千五百斤、丝十万两"，以求"拜沂州刺史"。这些财务大致相当于钱

[1] 见《新五代史·赵在礼等传》传末赞语。（译者注）

[2] 作者此处基本参考了《新五代史·袁象先传》。而原传中，袁正辞于后晋出帝时所献除钱三万缗外，尚有"银万两"。"以求内郡"亦非正辞所为，而是在其献钱后，"出帝怜之，欲与一内郡"。（译者注）

十万贯。《新五代史》对此发表感叹："功臣大将，不幸而死，则子孙率以家赀求刺史，其物多者得大州善地。盖自天子皆以贿赂为事矣。"[1]而值得注意的是，五代初期割据一方的武将往往将其军队与资本紧密地结合在一起，可随着军队与资本的逐渐分离，开始有了一种资本集中于朝廷的趋势。当然这种变化并非一朝一夕间全方位进行的，首先发生的是资本从地方军队流向中央，随后中央再以这些资本为基础，慢慢地将手伸向地方军队。根据上述诸例窥测，后唐庄宗在位前后正是这样的转换期，从唐末不断激化的分裂倾向，终于被逆转成了再次统一的倾向。

另一方面，此前团结一致的军队亦开始渐次瓦解。曾纵横数州与中央相对抗的大军阀集团解体成了若干个小股的分散军阀，而这些小军团也失去了自行拥立将帅的权力，中央所任命的将军在军中的威权亦与日俱增。在此之际，对军阀将领而言，比起依赖自己在军队中的心腹，依存于和中央政府缔结的紧密封建关系无疑更为安全。而接下来他们需要考虑的，只是如何将自己的财产传与子孙罢了。事实上，宋太祖在解除当时有力的军阀将领石守信等人之兵权之时，曾以保留各自的私有财产安乐地度过余生相劝，而此举正符合当时的时势潮流，故

[1] 作者此处基本参考了新、旧《五代史·房知温传》。其中房知温"有钱数屋"，乃据《册府元龟》卷七二一："知温……曰：'吾……有钱数室。'""良马千匹"，乃据《册府元龟》卷四八五：清泰"三年七月丁酉，青州房知温献马五千匹。"引《新五代史》"功臣大将"以下，乃据该书《房知温传》所在卷卷末赞语。（译者注）

而最后得以成功。而石守信同时也是史称“积财巨万”之人[1]。当宋之属国南唐的后主未能及时筹措对宋的供奉之时，便曾间接在“富民石守信家得绢十万”（陆氏《南唐书》卷八《睦昭符传》），这里的“富民石守信”，便是此前的节度使石守信。而其长子保兴、次子保吉均因继承了父亲的财富而享有“豪贵”之名。

八　历史影响

此处不得不再就一个问题加以考察，那便是这类军阀资本家，同时亦兼任着为政者这一职务，那么他们对地方上的人民，又究竟抱有何种态度呢？当然我们很容易想象，所谓军阀，必会最大限度地榨取人民，然而这种榨取，恐怕终究是存在一定限度的。他们既身为豢养部下军队的直接责任者，便不得不时时对粮食的确保加以注意。如后梁太祖虽出身盗贼，却颇用意于民政，《旧五代史·食货志》乃谓其“内辟汙莱，厉以耕桑，薄其租赋，士虽苦战，民则乐输”，又以为“及（后唐）庄宗平定梁室，任吏人孔谦为租庸使，峻法以剥下，厚敛以奉上……不三四年，以致颠陨”，对庄宗的批评固然有些苛酷。那么，经过多年混战才得到天下的庄宗，在面对因连年战

[1] 见《宋史·石守信传》。（译者注）

祸而荒废的土地，以及因此而陷入危殆的民生时，又究竟有没有发布善后政策，收拾人心呢？在孔谦的本传中可以看到，庄宗初即位时，的确曾有意“推恩天下，除百姓田租”，然而，“孔谦悉违诏督理”，可知在身为财政责任者的孔谦看来，是存在着必须反对庄宗诏书的理由的。而明宗在庄宗被弑登上皇位时，立即将所有的罪过归于孔谦一人身上，将之处死以迎合民心[①]。不过，恰恰是拜庄宗此前的伐蜀计划余荫所及，明宗得以灭亡前蜀，而从蜀地收获的战利品也大大改善了朝廷的财政状况，使得明宗一代有了休养民生的余裕，为后世称为五代中的小康之世。

关于从后梁到后唐的地方官，则有在洛阳附近复兴农业的张全义，在地方官任上颇受当地人民敬慕的李嗣昭。此外张筠在大肆劫掠的同时却不忘在政治上布以善政，在中央规定的租税之外对人民丝毫不取。可知他们的军阀资本主要是由商业运转获得，对农民则一味放任，只尽量多收些粮食，以备上缴而已。

我以为，地方官采取的重农政策所必然导致的结果便是佃户制度。中国中世的部曲庄园制度中，所谓的土地所有者实际上是土地领有者，拥有驱使其领内名为部曲的半自由民进行土地耕作的权力。而到了宋以后的佃户制度，则是一种通过与身为自由民的佃户建立契约，将自己的私有土地进行借贷，并

① 今本《旧五代史·孔谦传》仅从《永乐大典》辑得前半，作者此处基本参考了《新五代史·孔谦传》。（译者注）

收取佃租的制度。然而关于庄园制度变为佃户制度的确切年代，虽无明文记载，却大抵应该发生在以五代为中心的前后时间内。更有可论者，解放身为农奴的部曲，对土地所有者来说其实是一种利益上的损失。原本传自祖先的土地及附着在土地之上的部曲是完全附属于自己的，可一旦部曲的租耕权得到承认，等到地主想要将土地做其他更有效的利用时，反而会被这种租耕权所束缚住。另一方面，若是将部曲解放为自由民，那么地主便可以以对自己最有利的条件提供土地借贷，并收取尽可能高的地租。而这也保证了佃农会将这片土地百分之百的生产力全部发挥出来。甚至可以说，正是通过部曲的解放，地主才能首次获得完全的土地所有权。

在法律上，部曲的解放究竟开始于何时，这一点史书并无明文。恐怕这种解放与法制的发布无关，而只是在唐末五代之混乱中徐徐实现的吧。可以想象，五代的军阀政治家，在要求农民上缴必要的粮食之外，或许是出自对部曲的同情——当然更有可能是出自承认地主权力的立场——对佃户制度的普及应当持有欢迎的态度。而以我管见所及，《宋史·卢多逊传》应该是农奴化部曲存在的最后一例了。

中国历史上，造成农民痛苦的，与其说是国家规定的正税，不如说是带有地方税性质的徭役这一重压。而且越是天下一统的和平时代，徭役带给农民和地主的负担便越是巨大。这是因为随着财政上的中央集权，所谓“上供”的物资越来越多，农民不单单需要向地方政府缴纳租税，还须负起责任，将租税运输至国都，这种赋课在农民身上的义务便是徭役了。不过，作为五代军阀割据的结果，很少能成功完成物资的远距离运输，地方官衙也很少要求农民服徭役。所以说五代的农民，特别是其中的地主阶级，在军阀的“诛求”之下反而只是被课以轻微的徭役。这不禁使我们怀疑，当时的各种情况，并没有达到《新五代史》著者欧阳修所担心的那种不安状态。

反观宋代一统之世，要求地主服行的徭役和义务急遽增加，并在仁宗之世达到顶点。当时所谓州役之一便是衙前之役，此种徭役专门以农民地主为对象而设，他们或是负责将物资通过漕运运往国都，或是被命令筹措那些每年不断增加的官僚的生活费和交际费，为此破产者不可胜计，而破产者的土地也随即流入“官户”手中。宋代的官户与唐代不同，凡官僚所出的人家皆不需承担徭役，无论拥有多么广大的土地都只须缴纳租税而已。就这样，五代时所不曾见到的景象——官僚的土地兼并和农民地主的没落开始出现，而若是农民地主想要守护自己的财产，那么除了把自己变成官僚之外别无他途。也正是这种官僚地主的出现改变了整个农村的面貌，而这种改变后的面貌却一直持续到了之后的元、明、清三代。于是，近世文化的担当者——官僚资本家阶级便如是成立了。

宋以后的士大夫地主阶级，在其社会地位上或许与唐以前的贵族地主阶级有所相似。不过宋式的士大夫并非直接由唐式的贵族推移演变而来，而是在五代这一军阀资本的时代中由商业化的军阀资本家所育成的农民地主，在进入宋代之后与新兴官僚资本家合体的结果——这种解释或许更为自然一些。他们既是地主，又是官僚，还同时经营着商业，由此便诞生了三位一体的新士大夫阶级。这种士大夫阶级，似乎在五代末期南方独立小国中业已形成，要稍早于北方。而这一事实也正好可以用来说明，为何宋代创业期以后南方士大夫渐渐成为了官僚界的主流。

宋江

历史与小说中的罗生门

一　史料中的宋江

宋江作为著名小说《水浒传》的主人公，在中国民间称得上是非常有人气的英雄角色。然而，宋江并非完全架空的存在，而是历史上的真实人物。正是这一点勾起了历史学家们的兴趣，屡次对这一实在人物的行年进行考证。在此谨选择其中的可信部分，将作为历史人物的宋江的生平全貌叙述如次。

关于宋江，史传上最早的记录出现在《皇宋十朝纲要》宣和元年条："十二月，诏招抚山东盗宋江。"而之后关于宋江的消息，则见于《宋史》卷三五一《侯蒙传》叙侯蒙知亳州时，正逢宋江寇京东路，又载其上书曰："（宋）江以三十六人横行齐魏，官军数万，无敢抗者，其才必过人。今青溪盗起，不若赦江，使讨方腊以自赎。"侯蒙也因此得到了徽宗的

原题为"宋江是两个人吗？"，小节序号为原文所有，小标题为编者所加。（编者注）

嘉奖，转知东平府，未赴任而卒。

而这位宋江，由《宋史》卷三五三《张叔夜传》可知，最终为知海州之张叔夜所招安。根据该传的记载，正当宋江等人在海岸附近劫掠了“巨船十余”，满载战利品而归之时，张叔夜预先埋伏了死士千人，接着诱贼上岸，乘机焚毁了宋江的船只，最终在前后包围之下“擒其副贼”，于是，“江乃降”。

至于招抚宋江的时间，《皇宋十朝纲要》和《宋史》二者所载均系于宣和三年（1121年）二月。

由于当时正逢方腊起义之际，这位宋江也就此跟随讨伐军的主将童贯一起南征，最后在包围起义军根据地帮源洞的作战中立下了一定功劳。而他的名字也因此作为童贯的部将，见于《续资治通鉴长编纪事本末》卷一四一宣和三年四月二十四日戊子条：“刘镇将中军，杨可世将后军，王涣统领马公直、并裨将赵明、赵许、宋江，既次洞后。”遂得以于此后第二日，即二十六日庚寅生擒方腊，然而由于方腊余党仍散在各地，宋江等人不得不继续讨伐。据《皇宋十朝纲要》宣和三年六月九日辛丑条：“辛兴宗、宋江破贼上苑洞。”全部的起义亦在此月被平定，随之而来的是七月童贯的凯旋和八月对方腊处以死刑。

宋江在上引史书中出现的时间非常短暂，即宣和元年到三年（1119—1121年）这三年间。而在这三年之间，曾身为“剧贼”的宋江归顺了官军，并参与到了讨伐方腊一役中。如《宣和遗事》所载：“宋江和那三十六人归顺宋朝，各受武功大夫诰敕，分注诸路巡检史去也……后遣宋江收方腊有功，封节度使。”[1]这是大体上遵循事实的，而此后的小说《水浒传》同样是遵循这一系列的事件敷衍而成的，可视为史实的一种副产品。

二　三个宋江

而此处我所考虑的却是另一个问题，即上述史书中，并没有表示“剧贼”宋江（A）、官军中的宋江（B）是同一个人的明证。我们或许不过是在潜意识里受到了《宣和遗事》和《水浒传》故事的影响，当看到《皇宋十朝纲要》中紧接着“盗贼”宋江（A）的被招抚，又出现了在童贯军中活跃的宋江（B），便将两人类推为一人罢了。而使得这一推理变得更为光怪陆离的，则是另一位宋江（C）的存在。

《东都事略》卷十一《徽宗本纪》宣和三年条曰：“五月丙申，宋江就擒。”众所周知，《东都事略》为南宋初年的王偁所著，成书年代要远远早于元末所修的《宋史》。且享有记事可信的定评。此条中的宋江，和前引张叔夜、侯蒙二人本传

[1] 作者此处引《宣和遗事》，略去“宋江和那三十六人”前的主语张叔夜和谓语“说得”。原文此段大意为：张叔夜说得宋江等人归顺，又遣之破方腊，并以此封为节度使。作者如此节引，则最后“封节度使”者成了宋江，而非《宣和遗事》原文所指的张叔夜。（译者注）

中提到的宋江应该是同一个人。然而，此条《东都事略》却与《宋史》本纪中与宋江相关内容大相径庭，而这便是前文所说的“光怪陆离”了。

方腊被捕的时间既是宣和三年四月二十六日庚寅，而宋江（B）也参加了这场战斗，此后经过五月和闰五月，又于六月九日辛丑再次参加了上苑洞的扫荡战。那么，在此期间的五月三日丙申“就擒”的宋江（C）便显而易见是另一个人。

事实上，以前读《东都事略》时，我就对其中关于宋江就擒的记载非常在意。而因为此条与其他记载的矛盾实在太过明显，难保不是《东都事略》本身的错误，将信将疑之下，我只好暂时将这个问题搁置了起来。直到近日，足以证明《东都事略》记载正确性的史料终于出现。那便是 1963 年北京中华书局出版苏金源、李春圃编《宋代三次农民起义史料汇编》[1]中所介绍的——范圭《宋故武功大夫河东第二将折公（可存）墓志铭》。这一史料，其原石于 1939 年左右出土于陕西省府谷县。根据部分志文，可知折可存曾随童贯出征讨伐方腊，中谓：“腊贼就擒，迁武节大夫。班师过国门，奉御笔捕草寇宋江，不逾月继获，迁武功大夫。”细读此句，我们便发现，在

---

① 《宋代三次农民起义史料汇编》一书虽然使用便利，却并不能当作学术书来读。对我们来说，此书最大的价值便是其中所介绍的范圭《折可存墓志铭》，可是书中实未载墓志全文而只是摘录了一部分而已。如此重要的史料，本该在过录全文的同时，详考墓主家世及撰者身份才是。不过，另一方面，此书却不厌其烦地长篇引用明人所修《宋史纪事本末》中的记载，颇让人因不能理解其意图而苦恼。这一类情况下，本该采用《续宋编年资治通鉴》才对。

方腊被捕之后不久，所谓的草寇宋江（C）亦被官军生擒。如此说来，上引《东都事略》之文绝非无根的错谬之谈。

折氏在北宋一代，是黄河河套地区府州的大族，在北宋末年曾出过折可大、折可适、折可求这样《宋史》有传的人物，而折可存毫无疑问是这些人的同族和同辈。可存在方腊讨伐战中，既是“用第四将从军”而“兼率三将兵”的，可见其人应当是折氏嫡系[1]。他虽然先后参与了平定方腊、宋江（C）之乱的战斗，却并非主将，是以只是被分别授予了武节大夫和武功大夫这样的阶官（二者均不过从七品）。另外，笔者对范圭其人所知不多，不过基于墓志铭的性质，文章固难免夸饰，然而凭空捏造事实却是不太可能的。也就是说，宋江（C）的存在本身，是不容否认的事实。

三　招安之谜

既然与宋江（B）并非一人的宋江（C）之存在得以确认，那么，我们对于向来被认为是不证自明的下列图式：

宋江（A）= 宋江（B）

[1] 所谓的“将”，其实是熙宁间创设的一种兵制。见《宋史》卷一八八《兵志》：“凡诸路将，各置副一人。东南兵三千人以下，唯置副将。凡将副皆选内殿崇班以上、尝历战陈亲民者先，且诏监司奏举。”

就不得不再检讨一番了。其中，由于同为“剧贼”的身份，故比起宋江（B）来说，宋江（A）无疑与宋江（C）更加接近，而身为童贯部将的宋江（B）似乎又与另外二者迥然不同。因此，我暂且沿着这一方向进行进一步的考察。

方腊在睦州起义的时间是宣和二年（1120年）十月，数月之间便攻陷了歙州和杭州并迫近秀州。同时，宋廷正与金国同盟入侵辽国，并准备以童贯为将军，派兵收复燕山地区。于是，宋廷便直接以征辽大军来讨伐方腊。据《宋史》卷四六八《童贯传》：“造平燕之谋，选健将劲卒，刻日发命。会方腊起睦州，势甚张，改江、浙、淮南宣抚使，即以所聚兵帅诸将讨平之……率禁旅及秦、晋蕃汉兵十五万以东。”其军容之旺可见一斑。又，《宋会要辑稿》兵十“讨方腊”条[1]曰：“枢密院起东南两将、京畿一将，前去捉杀。内将副如不系曾经战阵人，日下差人抵替。其军兵仍差曾经陕西出戍人，于是陕西六路汉蕃精兵同时俱南下。”可知当日对军团（即“将”）的将与副之选择委实严格，甚至到了下命将未曾上过战场之人替换为有战争经验者的程度。

当时的总兵力，据前引《宋史·童贯传》，在十五万人左右，以如是之兵力，就算宋江已经投降了宋军，恐怕也轮不到他来担任先锋裨将吧。毕竟如前所述，以宋江的实力，甚至连

[1]《宋会要辑稿》原书此条作“方腊”，无“讨”字。（译者注）

张叔夜所招募的死士千人都敌不过，落得一个为张叔夜所生擒的下场。

对此，我愿意再提供一则来自他书的史料，以作旁证。汪应辰《文定集》卷二三《显谟阁学士王公（师心）墓志铭》记载了王氏任海州沭阳县县尉时，正逢“河北剧贼宋江”入侵京东路，王氏遂“独领兵要，击于境上，败之，贼遁走”。所谓县尉，其实不过是公安局局长一类的文官，其部下亦非正规军，而是连弓箭手都不曾配备的民兵。而败走于县尉的宋江，其实力更是不过尔尔。我们很难相信，这样的宋江，能够在主要由陕西系将领所组成十五万讨伐方腊的大军中，成为约二十名高级干部的其中一员[1]。

再从时间上看，刚刚被招抚的宋江，立即走马上任参加讨伐方腊行动，同样是不可能的。本来，童贯官拜江浙淮南等路宣抚使受命讨伐方腊的时间，据《宋史》和《宋会要辑稿》是在宣和二年十二月二十一日丁亥，而《续资治通鉴长编纪事本末》和《皇宋十朝纲要》的记载则稍晚，在宣和三年正

[1] 讨伐方腊的童贯部队将领，可见于史书者有：谭稹、刘延庆、王禀、郭仲荀、杨惟忠、杨可世、刘镇、刘光弼、王渊、王涣、辛企宗、辛兴宗、辛嗣宗、冀景、黄迪、马光直、赵明、赵许、宋江等。其中王渊的部下韩世忠，以生擒方腊而功勋卓著。此外，尚有史珪、张思正、关弼、姚平仲、梁昶、刘光世等将率领的其他部队。

月七日癸卯[1]。不管怎样，童贯及其部队从国都出发的日期一定早于宣和三年正月中旬。事实上，据《续资治通鉴长编纪事本末》，在正月二十一日丁巳这一天，童贯大军已经渡过长江，抵达了镇江。

而童贯出征的状况，在《三朝北盟会编》卷五二所引《中兴姓氏奸邪录》中，有一段颇为鲜活的描述："宣和二年，方腊反睦州……东南震动。以贯为江浙宣抚使，领刘延庆、刘光世、辛企宗、宋江等军二十余万讨之。贯行兵事急，上为出城东以饯贯，握贯之手亲送之。"

相信只要心平气和地阅读上引诸条史料，即可知宋江（B）自童贯出征之初便已身在其军中了。

而另一方面，根据《宋史》《皇宋十朝纲要》《东都事略》等书，宋江（A）至少在宣和三年二月之前，还在长江北从事"劫掠"。如此说来，"宋江（A）= 宋江（B）"的论断实绝无可能。综上可知，身为童贯部将的宋江（B）在其出征时便在其军队之中，此后又随童贯离开国都，并于宣和三年正月渡江，抵达镇江，而此时，身为"贼帅"宋江（A）还尚未接受招安。

---

[1] 《续资治通鉴长编纪事本末》所载童贯任江浙淮南等路宣抚使的时间是宣和三年正月七日癸卯，这个日期应该是正确的。而前一年十二月二十一日丁亥这一天，据同书所载，实际上是谭稹和王禀受命讨伐方腊的时间，他书恐怕正是涉此而误，错将童贯的受命随谭、王二人系于十二月了。而《宋会要辑稿》和《东都事略》也沿袭了这个错误，这似乎也使我们得以借此观察到宋代史料可信性的等级。

四 “剧贼”宋江

那么，接下来的问题便是，张叔夜所招抚的宋江（A）与平定方腊后不久被擒拿的宋江（C），究竟是不是同一个人？遗憾的是，我们尚未得到能解决此问题的关键证据，不过基于常识考虑，从宣和元年到三年期间同时活动着三位名叫宋江之人，委实难以想象，是以我在此还是先假定宋江（A）和宋江（C）是同一人物，并沿着这个假设进行考察。

而首先需要进行的，是对张叔夜招安宋江之日期的再检讨。关于此事最早的记录见于《皇宋十朝纲要》，然而该书该处的记载，似乎又掺杂了其他内容，即：“（宣和二年二月）庚辰，宋江犯淮阳军，又犯京东、河北路，入楚州界。知州张叔夜招抚之，江出降。”可以看到，二月十五日庚辰条之下记载了数桩事件，宋江在一天之内自然不可能从淮阳军（今下邳县[1]）经过京东路、河北路进入楚州，所以庚辰这天所记的，只是其中一件事而已。这件事亦绝非最后所书的张叔夜招抚，而是此条最初所书“犯淮阳军”这一事实。之后“又犯东京”云云，只是因为最初发生在这一天的“犯淮阳军”附带所及，才记于此处的。这么说来，张叔夜招安宋江的具体日期并未记录在此书中。

而《宋史》本纪则看似采用了《皇宋十朝纲要》以外的

[1] 下邳县现为江苏省邳州市。（编者注）

根本史料，将宋江归顺的时间定在宣和三年二月，即：“（宣和三年二月）是月……淮南盗宋江等犯淮阳军，遣将讨捕，又犯京东、江（河？）北，入楚、海州界，命知州张叔夜招降之。”此条记载在以下两个方面要优于前引《皇宋十朝纲要》。首先，此条记录了宋江等犯淮阳军之后被朝廷“遣将讨捕”这一过程。如此一来，便可知前条引文中二月十五日庚辰这一日期，实际上就是朝廷下令“遣将讨捕”之日。中国朝廷的记录，向来不是以地方上发生事件的日期或是地方上报告到达朝廷的日期为准，而往往以朝廷颁布针对事件的对策的日期为准。其次，这条记载在楚州之后，较前引《皇宋十朝纲要》多了海州一地。后者的这处脱漏，很可能让人产生当时张叔夜是楚州知州的误会。

此外，《宋史》之所以将张叔夜受命招降宋江之事书于二月，应该只是漫不经心地照抄了《皇宋十朝纲要》的记载，而并非根据其他新材料加以推定的。事实上，此条《宋史》的后半不仅与前引《皇宋十朝纲要》几乎完全一致，还增加了一处重大错误。

根据《皇宋十朝纲要》的记载，宋江犯淮阳军之后，又进入京东路和河北路，最终在楚州出现。也就是说，宋江并不是从淮阳军直接进入楚州的。当时的淮阳军，即今下邳县，位于京东路南端，距位于淮南东路北边的楚州和海州在地理上非常之近。然而当时的宋江却并未从淮阳军直接前往楚州，而是先行北上，到达京东路的中央腹地，再从那里前往河北路，最后才南下楚州的。

而《宋史》却将原来的“河北”改作“江北”。无疑是因为《宋史》的编者以为，宋江等人既然在二月这一个月间就已经被招降，那么从京东到河北再南下楚州和海州的漫漫征途所需时间肯定是太长了，于是宋江从京东前往的目的地便从河北被改为了江北（淮南地区），然而这种改动却又是与事实相悖的[1]。在前引汪应辰《王师心墓志铭》便已明言“河北剧贼宋江”，而《东都事略》卷一〇三《侯蒙传》更载：“宋江以三十六人横行河朔、京东。”又，《宋史》卷三五三《张叔夜传》曰：“宋江起河朔，转略十郡。”

从以上数条，均可以推知，宋江犯河北乃是不容否认的事实。

如此一来，宋江于宣和三年二月十五日庚辰前后，从淮阳军北上，通过京东路进入河北路，又再次从京东路南下，最终进入淮南路北边的楚州和海州这一系列行军过程既得以承认，而整个过程亦不可能全部发生在二月这一个月里，应当需要几个月左右。那么，我们就有必要对前述《东都事略》中关于宋江的记载做进一步的检讨了。《东都事略》云：“（宣和三年二月），淮南盗宋江犯淮阳军，又犯京东、河北，入楚、海州。”[2]却并没有紧跟着记载张叔夜招降一事。等到三个月之

---

① 中华书局点校本《宋史》宣和三年二月此条，即据《东都事略》与《皇宋十朝纲要》，将“江北”改回“河北”。（译者注）

② 见《东都事略·徽宗本纪》。（译者注）

后，方才如本文前文所引那般："五月丙申，宋江就擒。"

另外，张叔夜招抚宋江一事，他书记载甚多，不过同书卷一〇八《张叔夜传》中的记载，却与前引《宋史》微有异，该传曰："密伏壮士匿海旁，约候兵合，即焚其舟。舟既焚，贼大恐，无复斗志，伏兵乘之，江乃降。"此处宋江乃于进退维谷之时才投降的。也就是如同"就擒"一般。可见《东都事略》本纪和《张叔夜传》中的记载完全对应。而我们也终于可以根据《东都事略》，将张叔夜招抚宋江一事定在宣和三年五月三日丙申这一天了——虽说若是从一开始便细读《东都事略》的话，也可以得出同样的解答。当然，如前所述，方腊早在五月三日之前便已被逮捕，宋江亦绝无加入童贯的军队协助讨伐方腊的可能。作为结论，"转掠"于河北、京东之间的宋江（A），其实就是在官兵讨伐之下不得已而投降的宋江（C），而童贯军中因讨伐方腊立下大功的宋江（B）则是另一个人，此人从一开始便身为陕西系的军队将领之一。

五　故事的蓝本

我写此文最初的目的既已达成，以下便再花一些功夫，尽可能地对"盗贼"宋江的行迹做一番考察。史书中的宋江，或作"淮南盗"，或作"河北贼"，或作"京东贼"，对其出身均无定论。想来当日的记载只是根据地方上的报告而写就，对其根据地和大本营并不关心。所以入侵淮南的时候便是“淮南盗”，入侵河北的时候便是“河北贼”了。而我们一旦将这些零星记载进行缀合，或许就能画出宋江的大致所行，亦未可知。

如前所述，最早记载宋江之事的《皇宋十朝纲要》宣和元年十二月条称之为“山东盗宋江”，恐非泛泛而谈，结合《宋史》和《东都事略》的两种《侯蒙传》中侯蒙上书论招安宋江以讨方腊得到天子嘉奖并“转知东平府”的记载来看，当时宋江的根据地应当就在东平府内。而著名的梁山泊即位于东平府寿张县，可见这一推测与传说故事是相对应的。另外，侯蒙上书之时，方腊似乎还没有像后来那样声势壮大，也就是说只是方腊起义的初期，距宣和二年十月不会很远。据《青溪寇轨》，此年十一月时：“京东盗宋江等出青、齐、济、濮间。”

而东平府正好位于上引四州的中央位置[1]。其次关于宋江的记载，则见前文所引“淮南盗宋江犯淮阳军”云云，可知宋江等人曾在某段时间内专门在淮南地区进行劫掠。之后的宋江再次回到京东路，又北上河北路，并将之作为根据地暂为盘踞。因此得到了“河北剧贼”的称号。之后，他们又回过头第三次经过京东路，以入侵淮南路的楚州和海州。到了此时，以《宋史·张叔夜传》的立场来看，自然成了所谓的“宋江起河朔”。最后，在海州为知州张叔夜所大败的宋江狼狈出降。此

---

① 齐州即济南府，州治在历城县。《宋史》卷八五《地理志》“京东东路”下有：“济南府，上，济南郡兴德军节度，本济州。”其中“济”字乃“齐”字之误，见殿本卷末考证。

后，这位宋江（C）便消失在了历史中[1]。

让我们暂时忽略宋江（C）的存在，来考察“宋江（A）= 宋江（B）”这一等式的具体成立时间。如前所述，诸种史料虽未明言，然而细读之下便可发现这样暗示读者的，首先是《皇宋十朝纲要》一书。此书既于宣和元年十二月下书“诏招抚山东贼宋江”，并在主要记录方腊之乱的宣和三年二月下插入此月招降宋江的记载，最后于宣和三年六月讨伐方腊残党之役中记下了其中一名将领宋江的名字。如此一来，便将宋江投降的日期故意提前到讨伐方腊期间了。此书作者李埴为光宗（1189—1194 年在位）时期的进士，活动时期在南宋中期。那么，可能就是在此期间，两个宋江逐渐开始混同亦未可知。然而此种史学上的暗示远非决定性，这个等式的真正补完，其实是经由小说家之手的。

现存诸种与水浒故事相关的元曲中，并没有宋江等人讨伐方腊的故事。这一故事实是始自一般被归为小说的《宣和遗事》一书。不过，这本小说的来源向来不明，以为成于宋代的旧说颇不可靠。而该书所说，又与今本《水浒传》有一个巨大

[1] 在前引《宋代三次农民起义史料汇编》的卷末，列出了一系列近时发表的研究论文目录，写作此文时并没有条件参考这些论文，实属遗憾。不过，想来《汇编》的编者在编辑该书时应该已经尽可能地参考了这些文献，因此《汇编》应当可以看作现今中国学界的一种通论。而编者在引用了毕沅《续资治通鉴》下的《考异》部分之后，又列举了《长编纪事本末》和《十朝纲要》中关于宋江的记载，并谓：“是宋江之讨方腊固有明证。”即持我所谓宋江（A）与宋江（B）为同一人物的看法，而这恐怕也就是中国当代学界的通论吧。

【译注】作者引《宋代三次农民起义史料汇编》之语，见该书页 70。

的区别。该书中的宋江并非义贼，在一开始乃是与方腊性质相同的大盗："又宋江等犯京西、河北等州，劫掠子女金帛，杀人甚众。"只是在最后才叙述："宋江和那三十六人归顺宋朝，各受武功大夫诰敕，分注诸路巡检使去也。因此三路之寇，悉得平定。后遣宋江收方腊有功，封节度使。"而且此处的宋江是离开了旧部下三十六人单独参加方腊讨伐军的。可知所谓的"宋江故事"比起现今的百回本小说，还是要逊色很多的。而后者，其实更应被视为一种彻底的个人创作。

宋江年表

	宋江（A）= 宋江（C）	宋江（B）
宣和元年	十二月，山东盗宋江初见（《十朝纲要》）。	
宣和二年		十月，方腊叛于睦州。
	十一月间，宋江（A）出入青、齐、济、濮间（《青溪寇轨》）。	
宣和三年		正月，童贯受命讨伐方腊。宋江（B）从军（《北盟会编》）。
		正月二十一日，童贯军至镇江（《续长编纪事本末》）。
	二月十五日，宋江（A）自淮南入淮阳军，遭到官军讨伐（《宋史》）。	
		四月二十六日，擒方腊，宋江（B）立功（《续长编纪事本末》）。
	五月三日，宋江（A、C）自河北经京东入海州后，败于张叔夜后投降（《宋史》《东都事略》、范圭《折可存墓志铭》）。	
		六月九日，宋江（B）破方腊残党于上苑洞（《十朝纲要》）。

【附记】

本稿与近期将在法国刊行的追悼纪念已故Balazs教授之宋史论文集中所收拙稿“*Y a-t-il eu Deux Sung Chiang?*”一文的内容大致相同。即便二文在细节上有所差异，也是因为后者在起草之初为了方便法语翻译的缘故。（1966年7月于德国波鸿）

【再记】

昭和四十一年（1966年）十一月四日，我在第十六届东方学会全国会员总会上，基于这篇论文做了演讲之后，冈崎精郎氏便提醒我，《台湾大学文史哲学报》第二期上收有牟润孙《折可存墓志铭考证兼论宋江结局》。这篇论文附载了该墓志的照片，令我得知折可存乃是折可求之弟。在此容我表示对冈崎氏的感激之情。另外，牟氏的结论，以我此文的表达，应该是属于“A=B=C”的形式的。不过牟氏所搜集的史料要远较《起义史料汇编》来得丰富。（昭和四十一年十二月二十日）

蓝鼎元

循吏代表人

一　面圣

今天的雍正帝，从一早开始便有些焦躁不安。

广东省潮州府所属的潮阳县年谷不登已有数岁，人民本已深陷饥馑，再加上地震，无疑会使人民更为绝望，会发生什么谁也不知道，而他也正是因此才不安了起来。此前，朝廷曾数度根据该地的报告，从若干能力出色的青年官僚中拔擢最富有政治手腕之人，派往该地以充知县，本希望他们会尽心尽力地收拾局面，然而这些人最终竟无一不以失败告终，甚至连在那里待满一年的都没有。最初的知县因为贪污遭到检举。继任的知县则毫无能力，连租税预定额的两成都征收不上来，因此被免职。第三位知县因为手下吏员的罢工，根本不能执行职务，只得主动请辞。第四位知县貌似巧宦儿郎，也果然在账簿上动了手脚。从上司事后对账簿的检查来看，有财政漏洞的不

原题为“蓝鼎元（《鹿洲公案》发端）”，小节划分和第三节标题“《鹿洲公案》解题”为原书所有，一、二小节标题为编者所加。（编者注）

止这一代知县，这是代代相传的恶性传统，亦可以想见该地官规紊乱之事实。连续将四位知县从地方召唤入京，以未决监的身份投入大牢等待调查，正可谓前代未闻的不祥之事。明明已就第五任知县的人选向吏部尚书提出质询，可那位尚书却始终未能决定。而今天，正是尚书决定人选期限的最后一天。

随着吏部尚书前来觐见的报告声，近侍宦官将手上巨大的紫檀木盘子高高地捧了进来，盘子上并列着三枚绿头签。所谓的绿头签，是一种涂着黑漆的木牌，仅仅在木牌的顶端涂成绿色[1]。三枚绿头签的表面分别用白色颜料书有三位候选人的姓名。宦官将绿头签放在桌上之后立即起身离开，其间还不忘向正好进门的内务大臣兼吏部尚书敬礼致意。

雍正帝翻开三枚绿头签中最右边那枚，读出了上面的名字：

“王峻——潮阳县知县候补。此人如何？”

“此人清正廉洁。他人之物，丝毫不取，一旦确信，绝不妥协。实此际最适当之人选，故列为候补者之首。”

说完这些话，吏部尚书垂下了头。

“看来是个清官。清官呢……昔人谓清官远较赃官为甚，此意卿可知否？”

“臣不知。”

吏部尚书低着头。此时最让他难受的，恐怕就是皇帝盯

① 据今存绿头签（又称“绿头牌”）原物，其主体部分并非全部漆成黑色。（译者注）

着他的眼神了吧。

“所谓清官，即是心中无一点愧疚者。为官之时如此自信，必致大害。而所谓疾恶如仇者，于天下太平时尚可称道。然而人民一旦遭逢流离，必会不惜性命而犯法。斯时若仍恪守条律，必将陷民于水火之间。而若碰上赃官，则人民尚可凭借贿赂免责，最终得救。卿所说的清官，最终一定会造就当地之人浮于事。所以今日必不能加以任用。不过此人尚有其他用处，可以其人补大学士的欠员。”

“陛下深思熟虑，实非臣等所及。”

吏部尚书深深低下了头。雍正帝拿起了中间的那枚绿头签，看着吏部尚书的脸继续发问：

“王无党，又是何人？”

“此人颇有临机应变之才、刚毅果断之性。凡事皆积极以对，绝无不可行之事。”

“卿恐还是有所不知。今天所任命者非是将军，而是救民于水火之人。所谓赤子之心，反而会使百姓有疲弊之苦。此地既积贫积弱已久，碰上积极行事的长官，又必会有百姓逃亡之祸，使该县成为知县一人之县。此人用作军旅尚可，却绝不可任以行政。自古以来，未有将军治国而成功者，即便一时之间未有大难，仍会埋下他日祸根。”

“陛下深思熟虑，实非臣等所及。”

吏部尚书再次深深埋首。而雍正帝则拾起了最后一枚绿头签。

“蓝鼎元？”

“一言以蔽之，乃是知道轻重之人……”

吏部尚书尚未说完，就被雍正帝打断了：

“那便是了。宣此人。”

为宦官带入室内的蓝鼎元在皇帝面前深深行礼。皇帝随即命他抬头，以观其相貌，只见此人大约四十七八岁，粗重的眉毛和凌厉的眼神使他的相貌具有一种无敌的气势。然而这种无敌却并非傲慢所致，实是其内心所满溢的自信之体现。

“潮阳一地，连年天灾，生灵涂炭。卿可有身为知县救民于水火之决心？”

“恕臣直言，所谓天灾，多是借口。而天灾亦远不及人祸之为甚。”

“说得好。愚者每每归咎于天，不过以逃其责。然则卿既为知县，可知何事为首？”

“捕盗贼，退恶夫。”

“然则又有何策以治民？”

“以臣愚见所及，百姓之智慧，实有出吾等意料以外者。以民之慎重，往往有将十年，乃至二十年后之天灾歉收先行考虑规划，而后方始耕作。碰上一种灾害，亦必可在另一方面有所补偿。如遇旱情，则放弃高地而在低地劳作，仍可丰收。这般因地制宜地调和，即可保证其生业不断。不过实际说来，除天灾以外，尚有诸多人事阻碍。有夸大灾情以哄抬米价者，亦有以天灾为口实逃避租税而将之转嫁于贫农者。此等恶事之所以横行无阻，无非是因为向官员左右缴纳贿赂而已。盗贼亦得以凭借贿赂而安然出狱。臣所谓的盗贼恶夫，更大多为金主和投机者所豢养。身为县官，于太平时日尚需全力退治，更无论遭逢灾害之时矣。”

“卿所言甚是。然则卿究竟能按卿所言办事否？”

“此事实难。自古以来，尚有为害甚于臣所言之恶夫者，便是利口善辩之徒。此辈一旦具有财力，便能以己之所欲，引导地方之舆论。上级官员却往往误将此辈之语当作实情，无从判断地方上的实相如何。为生民计，臣固然粉身碎骨，在所不惜。而在此同时，仍需要上级的信任方可。若是因流言而畏首畏尾，则此事绝难。”

“所言甚是，所言甚是。朕立即派卿赴潮阳知县任。令卿一年以内便宜行事，上官不得干预。卿自可按方才所言施政。”

雍正帝渐渐有了些兴致。在蓝鼎元退下之后，又继续单独向吏部尚书指示：

“尽快发出蓝鼎元的任命。并严命其上官：一年以内，无论潮阳县发生何等之事，都不得干涉。唯有朕可以将之罢免。”

就这样，蓝鼎元被任命为了潮阳县县令。当晚，吏部尚书在其宅邸举行酒宴，款待同僚。

“这事儿真是办得高明！”

“是、是。果真这等高明！”

两人大笑，干杯。

“若是上面没在最后选中此人，那可就不好了吧。”

“是、是。那还真是不好了。”

“不过这样窥测上意，怕不是长久之计。”

“确实如此。姑且就到这次为止吧。”

两人又一次干杯。

“不过，蓝鼎元真能成得了事吗？”

“无须担心。此人高明得很。”

“此人政绩，直接与我等相关，若是失败……”

这位官员一边说着，一边用手指了指自己的脖子。

“无须挂怀，无须挂怀！蓝鼎元的手段可真的是高明、高明得很哪。来来来，为他的前途，干杯！”

两人继续碰杯。

而在同时，雍正帝此刻正身处宫中幽深的斗室，于明灭不定的灯火下一心不乱地用朱笔批改着奏折。而这奏折实际上是地方大员递来的秘密文书，不通过其他大臣和宦官之手直接传入宫中，每日便有五六十通之多。只有皇帝陛下自己能够启封的奏折，自然也只有皇帝陛下自己才能用朱笔批复，最后直接还给发信者。每天从晚饭后开始，雍正帝往往要花一整晚的时间专心于此项工作，恐怕算得上是中国历朝最为勤勉的天子了。

另一方面，从宫中告退的蓝鼎元也回到了其位于北京南城的暂住之所，将要赴远地任县令的他不得不做些准备。毕竟这次赴任的路程需要从北方穿过大半个中国的辽阔领土来到最南方。不仅需要准备行李，召集旅伴，还需要和其他官员一个个打招呼，向异地的朋友写信等。而初次前往陌生土地担任县令的不安和紧张，也使得他的身体不禁有些颤抖。从此，一县的重任便被他担在了肩上。

然而无论是雍正帝还是蓝鼎元，二人都没有意识到，他们亦不过是那个庞大而隐形的官僚群体中的两个角色，其中一个扮演着勤勉的天子，而另一个从今天起有必要成为一名合格的知县。凡是天子，固然都有着天下政治尽在己手的错觉；新知县亦会有种承担了任地人民幸福的自信。所幸，无论错觉也好自信也罢，这些情感所激发的人的勇气，都是同样的。

二　来自潮州的情报

蓝鼎元就任知县的消息既经邸报刊载，他在京城的住处也就自然热闹了起来。访客们纷至沓来，令他不得不委托门房代为接待。一张张陌生的面孔挤在大门口，向来不曾给他好脸色看的放贷人竟也大方地表示，无论他需要多少钱都可以。同乡士绅、同年进士及第的僚友也都前来祝贺。而在其中最为麻烦的，恐怕要数接待新任之县潮阳当地出身的士绅商旅了。此前从未有过任何联系的双方，因为从今以后的利害关系，不得不在短时间内互相试探对方的内心想法。

某日，潮阳县出身的商人林某前来拜访蓝鼎元。虽说是商人，林某却到底有些教养，即所谓的儒商，同时亦在当地人望颇高。

“大人不辞劳苦前往敝县，着实不易。潮阳县事，从来紊乱如泥沼。因此大人的决心实在令人感佩。若有帮得上忙的地方，请尽管吩咐。”

这样说话的人有时会提供非常有用的情报，不过大多数情况下，却只是虚张声势用以利用对方罢了。

“政事如流水，到达当地之前还什么都不确定呢。”

蓝鼎元用一贯的套话随口敷衍着。

“到达当地，您说到达当地吗？”

儒商连续重复了两次蓝鼎元的回答，伴随着一声叹息：

“等您到了那儿，可就什么都晚了。”

说完这句话的儒商抬头看着天花板，一言不发。

蓝鼎元知道，这位客人恐怕有什么重要的事情要商谈，便马上请他进入房间深处的别室。

“政事固然随时而转。然则大人以为此去当用《循吏传》，还是《酷吏传》？”

客人所提的问题显然不甚符合其商人的身份。正史中的《循吏传》汇集了政绩斐然的地方官员的传记，而《酷吏传》则载有深文峻法，在所任期间掀起腥风血雨的官吏的事迹。

“二者固然有长有短。若有可能，当法《三国志》中的诸葛亮。”

或许是被来客的真挚所打动，蓝鼎元说出了自己的本心。以严刑峻法整肃乱国之纲纪，这便是诸葛亮治蜀的政策。

“大人之言深得我意。如此则天赐一好官与吾县矣。请让我代表故乡的人民对您表示感谢。年来所忧，今日终得释怀。”

客人一边说着，一边从怀中取出一个信封。

“此物或许会有些用处。不过请大人秘为收藏。非徒关系到大人的仕途，亦关系到小人的身家性命。请大人万勿让他人看到。”

来客告辞之后，蓝鼎元打开了信封。这是一纸名单，按顺序列有数十个陌生姓名和诨名：金刚、天王、罗刹……就好像是梁山泊的豪杰一般。蓝鼎元取出自己的秘密手账，将这份名单以小字细楷抄录完毕之后，马上把原纸投入了火盆中。

第二天，又有一位潮阳县出身的监生蔡某前来拜访。乍看之下，此人才气外露、仪表不凡。然而所谓监生，其实不过是出钱买了太学生资格，而实无学问之人，这些人大多深知各种人事政治，凭借利口周旋于各种势力之间。这位蔡某摆出一副好整以暇的样子，或是向蓝鼎元献计，抑或是忽发感慨，说出了这么一番话来：

“所谓官场，委实不可思议。此种官员之社交场自宋以后持续到了今日。其中自然有些不可成文之习惯。这些习惯，在不习惯的人看来，当然是一种嗤之以鼻的习气。然而无论善恶与否，习惯所形成的却是一股巨大的力量。宋以后，朝代屡换，而这官场以及官场的所谓习气却不曾有所改变。顺之则昌，逆之则亡。诸多青年视之若仇雠，欲更之而后快，最终又无不以失败收场。王安石便是其中之一。小人对阁下欲如何治理吾县并无所知，不过在此有一言相赠。

“古来官场，一言以蔽之，即是‘救旧不救新’这五字。官员在任内都会犯错，这绝非因为其人能力之不足与否，大多是其周围之人的问题。即是让官员一人承担整个官场的不合理。当地方官吏去职之后，要发现其在任期间的各种问题并非难事，然而官吏手下的胥吏却会竭尽所能地为其掩盖。此之谓‘救旧’。反过来说，新任官吏有着大把时间和自由去实现自己的手腕和政策，而他更需要做的，其实是勇于将前任的过失揽在自己身上。如此一来，胥吏才不会担心新官会进行清算。新任官吏的态度会直接影响到周围小吏，小吏也会慎重地观察新任官员，对其命令放而任之。此之谓‘不救新’。

“如阁下所知，敝县潮阳的前四任知县现均已收监。这固然是他们自身失职所致。然而其中亦必有无奈之处。阁下赴任之后，必会与他们产生利害关系，虽说不可能让这些前任都无罪出狱，然而还是请阁下尽可能地促使对他们从轻发落。此事绝非仅仅为了这几位前任着想，也是为阁下谋得了一条后路。官场中的恐惧不在皇帝陛下，亦不在王公大臣，而在某种隐形的舆论。所谓舆论，有时或许会显得有些不合理，不过另一些时候却是一种强大的助力。顺舆论则昌，逆之则亡。

“又，阁下异地赴任，于当地风土，必不能无惑。所以还须雇佣一名参谋用以助言，有时亦可通过此人交通上官。以小人所知，有范仕化者，深得当地道台大人信任，堪阁下大任。若是阁下准备雇佣此人，请务必尽力差遣之。”

而等到这位客人抽身离去，蓝鼎元拿出自己的秘密手账，果然在先前林某所呈上的黑名单中发现了范仕化的名字，而这名字上早已被标上了种种符号。蓝鼎元随即又在这个名字上标上了三角形的重点符号。

三 《鹿洲公案》解题

《鹿洲公案》，为清代号鹿洲的蓝鼎元所撰。所谓“公案”，指的是诉讼的意思。此书记录了作者担任广东省潮阳县知县期间的一些民事和刑事诉讼事件。

蓝鼎元，字玉霖，一字任庵，福建漳浦人。生于康熙十九年（1680 年），殁于雍正十一年（1733 年）。其家自祖父蓝继善中举人之后成为读书世家，不过其父王斌却以生员的身份在年仅三十二岁时即去世。其时蓝鼎元年仅十岁，此后自然颇为生计所苦。所幸，他自幼便暗诵四书五经，很是聪明。因此他也受到了族人的期许和援助。蓝鼎元二十四岁时，以优秀的成绩通过童试，获生员及第的出身。当时他的祖父母虽已年高而依然见存。此后的蓝鼎元归乡读书，渐渐因其学问文章而为世所知。

而等到他四十二岁之时，故乡对岸的台湾发生了由朱一贵所领导的起义。当时，蓝鼎元的同族蓝廷珍被任命为“平定叛乱”的总指挥官，进而将鼎元招至军中，负责参谋、制订作战计划，又执掌文书、写作檄文。也正是凭借着这份资历，等到“叛乱平定”之后，蓝鼎元获得了贡生的资格，从地方县学直接被选入了北京的太学。时逢新天子初登大宝，正是雍正元年（1723 年），蓝鼎元四十四岁。

当时的朝廷正开始《大清一统志》的修纂，蓝鼎元也理所当然地参加了这个项目。如此三年之后，或许是出于慰劳蓝鼎元的原因，他在四十八岁之时被派往地方上担任知县。最初他所赴任的是广东省潮州府所属普宁县县令，而在一个月之后又转任邻县潮阳县的代理知县。在担任知县的两年间，蓝鼎元政绩彪炳，有“名判”之号，而这一时段内他本人的笔记，也就构成了《鹿洲公案》的主要内容。

我以为，就记录旧中国的实态这一点来说，可以说没有其他文献是比这本书还要有趣的了。此书甚至比小说还要有趣。就小说而言，无论什么名家所写就的，终究是一种虚构，这种虚构也必会有一些不自然。虽说虚构本身也是小说的一种魅力，然而在这本《鹿洲公案》中，却绝无一丝一毫对事实的夸张和改动之迹，出场人物均来自现实，而其所构成的如戏剧一般激烈的冲突，却又是出乎我的期待的。

不过，在某种程度上我们应正确阅读《鹿洲公案》，千万不要带有某些偏见。现今一部分学者所奉行的所谓历史规律，即统治者总是如何如何邪恶、底层人民总是如何如何善良、叛乱总是如何如何使社会进步、骚乱本身对社会的财富也有积极作用等，都属于我所说的偏见。历史需要的是尽可能多方面的视角，绝非向一边而倒。如果从一开始便将镜头的位置和方向固定的话，是绝无可能拍摄下真实世界的。

蓝鼎元在担任潮阳县知县期间，虽曾得到其直属上司、潮州府知府胡恂的充分信任，却与胡的上司、惠潮道道台楼俨产生了矛盾。这种矛盾当然有种种原因，不过就《鹿洲公案》所载的内容公平分析，便可知楼俨是典型的恶劣官僚。此后的楼俨还升至广东省按察使这一职位，管一省的司法。蓝鼎元也因为这位按察使的弹劾而险些被免官。所幸当时的天子雍正帝为政勤勉，用心民生，对地方官僚自有一套监督体系，很快发现了楼俨的问题并反过来将之免职。从此以后，蓝鼎元便时来运转了。

当时的两广总督鄂弥达既是满洲人，又是雍正帝的宠臣。经由此人推荐，蓝鼎元得以入京谒见天子，并被破格拔擢为广州府知府。然而，不幸的是，赴任仅仅一个月之后，蓝鼎元便带着他的未成壮志就此病殁，享年五十四岁。

此前，当蓝鼎元考上生员之后，曾出于生计的考虑参加过几次科举考试，均以失败告终。以至于终其一生，他的“学历”不过是生员和所谓的贡生。不过其学问文章的优异却早已为世所知，这点也能从他所留下的二十四册《鹿洲全集》里得以窥见——其中，《鹿洲公案》也仅占了两册的篇幅。由此亦可得知，中国旧时代的科举制度所拔擢的，大多是毫无实际才干之人。

蓝鼎元的学问，以朱子学派的经学为根底，又特别关注其中的实用部分。其文集中收有不少关于治理台湾之建议的文章。而随着时间的推移，台湾变得越来越重要，清廷也在光绪十一年（1885 年）设立了台湾省，而初代台湾巡抚刘铭传便将《鹿洲全集》作为其赴任的重要参考书。这已经是蓝鼎元死后一百五十余年的事情了。

蓝鼎元主要活动的清代雍正年间，在历史上亦有非常重要的意义。事实上，也只有理解了雍正时代的背景，才能完全理解蓝鼎元其人。最近，研究雍正时代的风气就算在我们这样的外国也十分盛行，而其中执先鞭者——并非我自夸——便是我们京都大学文学部和人文科学研究所。其中，我本人于昭和二十五年（1950 年）于岩波新书中刊行了拙著《雍正帝——中国的独裁君主》，又在我所主办的杂志《东洋史研究》的昭和三十二年、三十三年、三十四年、三十八年，发行过四期“雍正时代研究特集号”。若是觉得《鹿洲公案》所载仍不够详尽的朋友，尽可参考上述研究。

第四编

儒家与文人

孔子

教育家才是本色

孔子（前 551—前 479 年）作为儒家学派的开创者，和释迦牟尼、基督耶稣并称为“世界三圣人”。生于中国春秋末年鲁国的他，正逢都市国家向领土国家转变的关键时期。出于新型社会下对人才的新要求，孔子开办了私塾，培养了许多弟子，而这也成为了中国传统学问的根源所在。同时，孔子的儒家学派更是影响到了随后战国时代的其他学派。

一　个人履历

孔子这尊偶像，历来被后人穿上了太多衣服，今天的我们所要做的，便是将这些衣服撕去，以便观察那最原始的偶像本身。而将那些造作的不和谐音排除之后，便可得到这样一纸大体真实的孔子个人履历。

原题为“孔子”，小节划分及小标题为编者所加。（编者注）

孔子，名丘，字仲尼，其父叔梁纥，其母颜氏，生于鲁国领内的陬邑，出生后不久便失去了父亲，由母亲抚养长大，贫困也是理所当然之事。孔子自幼虽为生活所迫多从鄙事，却早早立下了追求学问的志向。当时的所谓学问，和今天占卜师的修行有所类似，需要阅读文字，了解流传故事的来源、婚冠丧祭的举行方法等知识，可以说是一种在各种场合都帮得上忙的杂学。而由于其时的诸侯政治家对人才的渴求，随着孔子学问的进步，不少有用世之心的人纷纷登门求教，愿执弟子之礼。孔子也一度为鲁国国君所重用，不过随后却带着弟子们周游列国，寻求更好的工作机会，他之所以不乐旧土，恐怕也有为鲁国国内动荡时政余波所及的缘故。

晚年的孔子一度担任过鲁定公、哀公的司寇一职，不过所谓“司寇”，却并非后代的宰相。当时，后代的官僚制度尚未成立，诸侯领主手下的家臣团体的权力逐渐扩张，其中包括了类似于家庭教师和书记员的官职，而孔子所担任的便是这类负责典礼的官职。因此，孔子教给他的弟子的内容，正是以典礼的必要做法——即所谓“礼”——为中心的。当然，孔子并不单单宣扬“礼”的表面，更着力于培养礼的核心——即所谓的“仁”“信”和“孝”。

概括来讲，孔子所讲的忠孝之道固然是一种做人的基本义务。实际上，其道德核心却是“信”——即人与人之间的信赖关系。在孔子所处的时代，古来都市国家的市民生活样式仍然有所残存，在这其中，“信”乃是维系市民之间联系的重要纽带，忠孝不过是其特殊表现形式。孔子为了教导弟子而编纂的教材，包括一些歌曲和习字课本，也就成了后来的《诗经》和《尚书》等，其与弟子的对话录又被编成了《论语》一书。孔子七十三岁时在弟子环侍之下去世，在他的时代算得上高寿。

二　史料中的疑问

可以看到，上述孔子的履历，所诚实反映的不过是当时一位平凡市民的一生。然而，自古以来，在中国的各种记录中，孔子的诸多传记在细节上出入不小。看似每一种都可以作为史料使用，其实又往往疑点颇多。

首先是孔子的生年问题。一般而言，学者大多根据《春秋公羊传》的记载，将其生日定在鲁襄公二十一年（前551年）十一月庚子。然而在另一本《春秋》的注释书《春秋穀梁传》中，孔子生年却被定在了相差一个月的十月，而《史记·孔子世家》的记载更是比《公羊传》晚了整整一年。这其中恐怕还是应该相信《公羊传》的记载，其他二书则均有误。因为鲁襄公二十一年十月中并无庚子日，而《史记》所记孔子年龄是七十三岁，若按其书的生年推算，则只有七十二岁。事实上，这种生日的歧异现象，可能缘于古代的中国人没有在生日那天庆祝的习惯吧。

孔子的忌日是鲁哀公十六年（前479年）四月己丑日。关于这点，《春秋左氏传》和《史记》的记载一致，并无问题。中国人历来重视死亡，丧事亦多有铺张，为了死后的祭祀考虑，自然需要准确记录忌日。

而之后便是孔子这七十三年的生涯中所发生的事情了。古往今来的传记家们，往往费尽心力将各种来源不同的孔子故事进行排列比较，最终辛苦作成一篇孔子之传。而排在这些传记之首的，便是《史记·孔子世家》。然而，仔细想来，孔子其实既非政治家，亦非某些领域的专家，简单罗列这些琐碎的事迹并不重要。且这种罗列本身，亦丝毫不能令我们得知关于其人的其他重要之事。对于孔子这样的人物来说，个体的行动固然有其特定的意义，然而更重要的则是孔子其人在他当时的生存状况，以及在后代所受到的不同评价。为了探究这样的问题，我们所需要的是一种崭新的方法。

关于孔子的史料大致可分成两大系统。其中之一来自《论语》，以孔子弟子间流传的孔子言行录、孔子与弟子的对话录为中心。这一记录的来源主要是孔子的弟子，他们的孔子观也就大致上把孔子反映成了一个伟大的教育家。同时，也正因为此书源自孔门弟子，其准确性亦当甚高。不过，由于此书在后世流传过程中被混入了一些不和谐音，使得其内容有些淆乱。

还有一大系统则来自《史记·孔子世家》，著者司马迁乃是汉初之人，以史料的采集、取舍和编次著称。而这篇《孔子世家》的史源，也包括了司马迁所见的《论语》、《春秋》三传、诸子百家语等。所以我们今日读来，颇觉其内容之驳杂，实有甚于《论语》。其中更明显有两条记事不属于孔子所为，在此不得不略为辨析。

其一乃是夹谷之会一段，记载了鲁定公和齐景公在国境线附近的夹谷相会之事。在此条中，孔子被描写为“摄相事”的鲁国重臣。齐国为了捉弄鲁定公，特地在应“奏宫中之乐”的时候令“倡优侏儒为戏而前”。孔子见此，立即上前，对齐景公说：“匹夫而营惑，诸侯者罪当诛！请命有司！”于是便让鲁国一方的武士强行将倡优当场处刑，身首异处[1]。这位倡优小丑无非只是遵循主人的意见行动，本身并无任何罪孽。对这样的人加以极刑，普通人犹有不忍，实在无法想象这是孔子会做得出的事情。

《史记》的此段记叙，实际上遵从的是《春秋穀梁传》的记载。而《左氏传》却仅仅记载了孔子参与夹谷之会而未提及倡优之事。甚至在《公羊传》中，夹谷之会这一事件本身根本完全不曾提及。《春秋》三传的这种彼此歧异的现象，应当引起我们的注意。我们在此姑且承认《穀梁传》和《左氏传》的共同记载，即孔子摄相位而与定公一起参加了夹谷之会，而将《穀梁传》的杀害倡优一事当作不可靠的传闻异辞，或许是较为合适的。然而，《公羊传》既未曾记载孔子和这场夹谷之会，

---

[1]《史记·孔子世家》原文作：“有司加法焉，首足异处。”（译者注）

那么也存在着《穀梁》《左氏》两传捏造出整个齐鲁之会的可能性。毕竟，作为三传中政治色彩最强的《公羊传》而未提及孔子参与的政治事件，本身也有些不可思议。

《史记》中记载的关于孔子的另一段逸闻则是少正卯事件。其谓孔子得到鲁定公的重用，“由大司寇行摄相事”之后，立即“诛鲁大夫乱政者少正卯”。虽说《史记》或是根据《荀子》的记载[1]直书，可是这件事看上去却怎么也不像是孔子会做得出的。或许是因为《史记》的作者司马迁对于这些传闻深信不疑，在他所写的传记中才会产生上述与孔子整体形象不可调和的叙述吧。

而与《史记》中完全不同的孔子形象，则出自根本性史料《论语》。《论语》中的孔子，完全不是一位果敢的行动派政治家，而是一位不忍杀死小虫的教育家。当然，《论语》中既未有夹谷之会，也没有少正卯事件。该书所采用的立场，亦并非是通过各种事件拼凑出孔子的形象，而是先有了一幅理想的孔子像，再进行记录的。因此，在《论语》所记录的各种骚乱、冲突中，孔子总是站在被害者一侧，以和平和忍耐为手段。而这种态度也正呼应了其政治理论。

鲁国的家臣季孙肥向孔子询问政事道：“如杀无道，以就有道，何如？”孔子的回答却是：“子为政，焉用杀？”[2]《论语》中的孔子形象大抵如是。虽然《论语》非成于一人之手，

---

[1] 见《荀子·宥坐》：“孔子为鲁摄相，朝七日而诛少正卯。”（译者注）

[2] 见《论语·为政》。（译者注）

但书中的孔子观竟然比司马迁《史记》中的记载更为一致，这点实在令人惊异。

三　历代的孔子观

那么，经由上述考察，我们知道，司马迁的孔子观之形成，实是因为一种从战国到汉初人生观的变迁所致。在孔子生活的春秋时代，古来的身份阶级制度还有所保留，传统的道德理念亦仍然残存。孔子所思考的，是如何以新时代的理想重新解释古老传统，进而将之脱胎换骨地保存下来。然而，进入战国以后，古老的制度和观念都已彻底崩坏，实利和实用的信念得到崇尚。在这样的世界里，权力无疑是人们最为优先考虑的。孔子学问的流传也好，孔门弟子对孔子的认识也好，都随着时代发生了改变。

如果孔子只是一个民间教育家，那么他绝不值得这个时代的人的尊重。于是，孔子不得不成为一个有能力实现自己所抱持的政治理想并曾经在政治上做出过实际努力的政治家。毫无疑问，儒教徒们也希望自己能够拥有同样的才能，并运用这种才能服务当权者，从而立身出仕。就这样，关于孔子具有政治才能的传说被创作了出来，儒教本身也逐渐政治化，通过接触权力，在世俗社会中获得了一定地位。

而儒教获得世俗上的地位，直接导致了其与其他学派的竞争。比如在秦代（前 221—前 206 年），儒教就被当时的官学法家所强力打压过。不过到了汉代，儒教的势力复兴，又压倒了其他学派，最终在武帝时被立为官学，受到了政府的特别保护。而这也正是司马迁所生活的时代。他的孔子观，也不能不受当时的风气之影响。

司马迁在撰写孔子传记时固然侧重于其人的政治性。不过，他又根据传主的世俗地位，将其中所有人物的传记分为“本纪”“世家”和“列传”三类。即：第一阶级的帝王进入“本纪”；第二阶级的诸侯进入“世家”；第三阶级的个人进入“列传”。而孔子之所以属于第二阶级的世家，并非出自对其人格的尊敬，而是考虑到了其人的社会地位。

按照司马迁的话来讲，“孔子布衣，传十余世，学者宗之。自天子王侯，中国言六艺者折中于夫子，可谓至圣矣！”这两句话，和儒教中将孔子尊为“素王”——即无冕之帝王——的公羊学派相近。在那个功利主义的时代，孔子被认为是继承了尧舜以来的先王之道，又将之传与汉王室的有功之人，即一位潜在的天子，而这也就是素王之说的由来。

而后世亦继承了《史记》中对孔子的评价，将之列为世家，即帝王与庶民二者的中间人物。所以当东汉（25—220年）初年兴立学校而须决定祭祀对象时，孔子又被设立为先师，处于先圣周公之下。周公辅佐文王、武王，践行了先王之道，而孔子只不过祖述周公，作为政治家来说，是稍逊于后者的。

降至西晋（265—316年），周公却把他那儒教圣人的宝座让给了孔子，从此孔子成了“先圣”，其弟子颜回成了“先师”。这其中恐怕存在着佛教的影响，儒教中的孔子，既然和佛教中的释迦牟尼地位相仿，那么接触了佛教的中国人也就理所当然地将孔子看作儒教的祖师了。不过儒教却从未放弃过所谓的先王之道，孔子仍然保有其政治家的地位，这种倾向直到唐代（618—907年）还依然存在。甚至唐代注解《史记》的司马贞在称道“阙里生德”的孔子之时，还特为注出“卯诛两观，摄相夹谷”[1]，以表示对孔子之决断的赞赏。

不过，到了宋代，上述这种政治化的倾向却突然出现了逆转。这大抵也意味着《史记》式孔子观的崩坏。首先是北宋的王安石，对《史记》将孔子列入世家的行为提出了非难，他以为：“孔子，旅人也，栖栖衰季之世，无尺土之柄，此列之传宜矣，曷为世家哉？岂以仲尼躬将圣人之资，其教化之盛，舄奕万世，故为之世家以抗之？又大非极摯之论也。夫仲尼之才，帝王可也，何特公侯哉？仲尼之道，世天下可也，何特世其家哉？处之世家，仲尼之道不从而大；置之列传，仲尼之道不从而小。”[2]王安石的这番议论，实际上是对司马迁那种以政治成就为尺度衡量人物的态度的批判。

之后就此问题更进一步讨论的则是南宋的朱子。朱子读《史记》时，因为《论语》中未及一字而怀疑夹谷之会与诛少正卯二事的真实性。事实上，在处理孔子生平时，朱子大多

①见司马贞《史记索隐》于《孔子世家》传末所附述赞。（译者注）
②见王安石《孔子世家议》，载《临川王文公集》卷七一。（译者注）

只是将他书记载列为旁证而主要依靠《论语》。他在儒教的经典中，亦最为推崇《论语》，将之与《孟子》《大学》《中庸》列为“四书”，加以新注，以便学者诵习。而所谓“记先王之道”的“五经”，则只是次一级的经典罢了。

也正是从此时起，孔子的形象开始从政治家变成了教育家。随着朱子学说成了之后儒教的正统，得到了官方的保护，科举考试的答案也完全按照朱子学说展开，终于令这一学说风靡一世。教育家孔子的形象也就此确定了下来。在宋以后，历经元、明而至清代，其形象均没有非常大的改变。不过需要注意的是，清代所盛行的考证学，虽表面与朱子学为敌，力图恢复汉代的儒教传统，不过在孔子形象这一问题上，却并不赞成《史记》的写法，而是采取了朱子的立场。崔述的名著《考信录》中，既对《史记》中夹谷之会一事抱有疑问，复又断定诛杀少正卯根本就是子虚乌有。

不过，要是说在宋以后的中国，那种《史记》世家中的孔子形象已经完全消失殆尽，却也并非如此。实际上，孔子的后代，在历朝历代的天子处，仍然是被当成“世家”一般以礼相待的。

孔子当年所活动的鲁国，即今天山东省曲阜县。在战国末年，鲁为楚国所灭（前 255 年），而后楚亦为秦所灭，到了秦汉之后，之前的鲁国国君和贵族早已星陨四散，而孔氏一族反而繁荣昌盛了起来。孔子的子孙守孔庙而传其学，受到了当地人民的拥戴，全国各地的学者也纷纷来此以参拜这儒教的圣地。北宋天子将孔子第四十六代嫡孙封以衍圣公的爵位，之后无论朝代怎样更迭，孔氏都得以沿袭此号，享受一种朝廷的特殊待遇，就连清朝之后变更国体的民国政府也同样如此。虽说没有了爵位，民国政府还是任命孔子第七十七代嫡孙孔德成为孔庙的奉祀官。而曲阜，作为孔氏一族的“首都”，也成了孔氏一族聚居之地。以孔庙为中心，良田美宅，所在多有。在享有儒教学徒的顶礼和历代政府的庇护的同时，孔氏一族也成了与各路政权关系密切的特权阶级，在保存其“世家”特性之外，不免遭人批判。

五四运动之前不久，陈独秀、胡适等人倡导思想革命、文学革命之际，孔子及其所代表的儒教便已成了新一代思想家的众矢之的。在当时，儒教即已被冠以“非人道、反社会”的恶名。不过其时的政府却依然施行拥护儒教的立场。中华人民共和国成立之后，舆论风向又有了一些转变，最终产生了 1974 年开始的“批林批孔”运动，孔子遂与林彪一起，遭受了更大的非难。该运动宣称，从阶级斗争的立场来看，孔子对其当时逐渐崩坏的中国奴隶制度抱有同情，又极力迎合当时的统治阶级，无疑是反动至极的。除此以外，孔门后代无非是累世生活在曲阜的一种土豪劣绅，在政府的保护下对其地附近的劳苦大众进行惨无人道的剥削。也就是说，这场运动所针对的，不仅是孔门一族延续至今的世家性质，就连《论语》所载的孔子的原初思想亦在批判之列。如此一来，孔子那边自然也就孤立无援了。当然，在第三者看来，该运动的内在逻辑，尚有诸多不能接受之处。

以上的介绍，相较一般对孔子个人生平的叙述来说，更致力于介绍不同时代之人是如何理解、评价孔子的，对孔子这样的人物来说，这种介绍方式或许更为适合。毕竟，孔子之所以为孔子，并非仅因其自身原因，而更多地需要考虑到古往今来的社会环境——即所谓“时势”才是。类似情况也同样发生在其他国家的伟大人物身上。如果说，孔子并未投生于他所处的那个时代，那么取代他今天地位的，或许是墨子，抑或老子吧。况且孔子的教导和理论并不多，对统治者来说，他无疑是一个便于使用的偶像。而在日本，情况则有所不同。孔子在日本，被统治者利用的情况着实很少，又因为《论语》一书在教育史上的地位很高，故而日本的孔子形象，基本上是根据《论语》建立起来的。正是因为如此，其视角或许更真实一些，而直接根据《论语》来公平地理解、评价孔子，应当以日本人最为客观，亦未可知。

【参考书】

蟹江义丸《孔子研究》（1904 年，金港堂，绝版）一书在传统的孔子观上又加上了明治时代的新理解，值得一读。和辻哲郎《孔子》（1948 年，植村书店）一书则将孔子看成了伟大的教育家，其研究基础则多根据武内义雄的考证。此后从文献学角度提出新观点的著作，有贝冢茂树的《孔子》（岩波新书，1951 年）、白川静的《孔子传》（中公丛书，1972 年，中央公论社）等。关于拙文所探讨的内容，可参看宫崎市定《东洋史上孔子的位置》(《东洋史研究》第四卷第二号，1926年，又载《亚洲史研究I》，1957年，东洋史研究会）一文。关于历代孔子观的变迁，则可参宫崎市定《论语新研究》(1974年，岩波书店）一书中的第一部“历史编”。

朱子

其人其书

一　朱子其人

朱熹，字元晦，一字仲晦，号考亭、紫阳、晦庵、晦翁、遁翁、云谷老人、沧州病叟等，谥文公，学者尊之为朱子。

朱子原籍徽州婺源县万年乡松严里，徽州别名为新安郡，故朱子常自称为新安人。朱氏祖辈不过是当地农家，而到了朱子的父亲朱松，终于成为北宋末年的太学生，之后又被派往福建担任地方官。不久，北宋灭亡，天下大乱，朱松遂归乡养亲，等到宋高宗定都临安，东南半片江山得以确保，又被召往中央任职，年四十七而卒。朱子时年十四，往依其父党刘子羽轮转于建州崇安县、建阳县之间，在其指导下用功读书。显然少年朱子所花的精力并未白费，他在十九岁时便成为进士，任泉州万安县主簿，踏出了官吏生活的第一步。可以看到，朱子和福建一省的缘分着实不浅，而其学问亦因此多为人称为

原题为“朱子及其书迹”，小节划分及标题为编者所加。（编者注）

“闽学”。

可是，朱子在官场上的履历却远非“花团锦簇”。其实际为官时间，多被概括为“仕于外者九考，立朝四十日”[1]。作为地方官的朱子正义感强烈，对地方弊病不忍坐视不理，多上书纠弹，又热心于为民兴利，性急的作风较王安石更甚。也正是因为其头角过于峥嵘，每每与朝中大臣发生冲突，过于坚持自己的意志，朱子地方官的身份，也并没有维持很久。

事实上，朱子在地方上，不仅热心行政，更是一位出色的教育家。其在政务之暇，多聚生徒，讲解经书。其在南康军知事任上时，听闻管内庐山的白鹿洞书院荒废已久，更立即将之整修复兴，以作讲学。感到身为地方官，难以施展抱负的朱子，也立下了用学问和教育再造社会的大志。这里的学问和教育，并非通过官学传授，而是通过振兴私学来进行。所谓“私学”，亦非是类似于有固定场所的学校，而指的是私下聚众讲学这样的行为。所幸在朱子当时，根据所谓的“祠禄”制度，官员即使没有实际官职，也仍然可以通过担任“国立”道教庙观的管理人这一职位，获取一定的休职津贴。朱子在登第后的五十年间，也大多凭借这种休职津贴生活。当然，这一津贴并不丰厚，只能恰好保证清贫的朱子可以聚集同样清贫的学生进行讲学和著述罢了。

随着朱子一派私学的逐渐盛行，世人多将之称为“道

[1] 见朱熹弟子黄干所作《朱子行状》。（译者注）

学”，又有反对者称之为“伪学”。当时正逢天子光宗暗愚无知，政事受制于皇后。宗室赵汝愚和太皇太后的外甥韩侂胄随即设计，尊光宗为太上皇，并将皇位传与宁宗。赵汝愚得任宰相之后，很快拔擢朱子为侍讲，大量任用其他道学家，不过赵汝愚很快便落入了韩侂胄的陷阱，随后卒于被流放的配所，朱子也在立朝四十日之后旋被黜退。从此，道学被“钦定”为伪学，禁用伪学之诏令很快宣布赵汝愚以下五十九人为伪党，所著为伪籍，不得任用。这便是所谓的“庆元党禁”了。而此后不久的庆元六年（1200 年），朱子便在失意中离开了人世。

及至之后的理宗朝，道学再次风靡朝野，被当成了儒教的正统，朱子也被追赠“太师”“徽国公”等头衔，得以从祀孔庙。

朱子作为中国近世哲学——宋学的集大成者的同时，也是所谓东洋道德的树立者。直到近日，无论日本、中国还是朝鲜，若是追溯人们潜意识里的道德思想，恐怕都会追到朱子学之上。而朱子所作《朱子家礼》一书所确定的冠婚丧祭之仪式，在中国和朝鲜亦得以袭用累世，使朱子学本身成为了一种几近宗教的存在。在去世之后给世界施加了这么大影响的人物，在朱子以后的东洋固然不论，就是在西洋大抵也不多见。

二　朱子其书

讨论名士的书迹，想来要比讨论书家的书迹来得困难。而若是大学者的书迹，则这种困难又会随其学名成比例地上升很多。所以对朱子这种程度的大学者来说，谈论其书迹无疑是难题一桩。况且朱子不单单是伟大的学者，更是能登孔子之堂而入其室的圣贤，过分拔高其书道固然不好，一不小心贬低了更是有损其德。

古人多以为，朱子的字与王安石有所相似。这大概是因为朱子之父朱松非常喜欢王安石的字，秘藏了许多王安石的亲笔书迹加以临摹所造成的影响吧。借用朱松友人的话来说，他乃是“学道于河洛（程明道、程伊川），学文于元祐（苏东坡），而学书于荆舒（王安石）”[1]的。如此，在其父书风的感化下，朱子之书有似王安石之风，想来并非不能接受之事。

不过王安石传至今日的亲笔书迹极为罕见，不能令人知其书风。据后人的形容，似乎是一种极度性急的字，就像是秋天日短，忙于收获，而不暇与人打招呼一般。想来这评价的对象可能是他的书简和文稿吧。吾人今日试作一种想象，大抵他作文时妙思沸腾，需要尽快写下，以防思绪流失。其发想之迅捷，辞藻之丰富，当然也会反映在笔迹的忙乱上。我以为这便

[1] 见朱熹《题荆公帖》转引朱松之友邓志宏语，载《朱子大全集·文集》卷八二。朱熹原文“河洛”作“河雒”。（译者注）

是王安石之书给当时人的印象。

然而，据朱子的意见，文字本来应当缓缓书写才是，这就不由得使我们发起一种疑惑了。在北宋名臣韩琦写给欧阳修的书帖之后，朱子有如下的题跋：

> 张敬夫尝言："平生所见王荆公书，皆如大忙中写，不知公安得有如许忙事。"此虽戏言，然实切中其病。今观此卷，因省平日得见韩公书迹，虽与亲戚卑幼，亦皆端严谨重，略与此同，未尝一笔作行草势。盖其胸中安静详密，雍容和豫，故无顷刻忙时，亦无纤芥忙意，与荆公之躁扰急迫正相反也。书札细事，而于人之德性其相关有如此者。熹于是窃有警焉。(《朱子大全集·文集》卷八四《跋韩魏公与欧阳文忠公帖》)

这段跋文颇为有趣。朱子想来是借王安石之字来警示自己的字迹太过"躁扰急迫"，并深赏韩琦为书之"端严"吧。这么说来，朱子虽以为"书札细事"与"人之德性其相关有如此者"，并宣称文字不当有"一笔作行草势"，其实我们却借此知道，朱子之书，实在是有如"顷刻忙时"所写就的。的确，当我们亲见朱子书迹之时，亦会有一种匆匆忙忙，仿佛在追赶什么的错觉。图中的《论语集注》残稿便是很好的例子。当然，稿本上的字迹凌乱从另一方面来说，也表示他下笔和动脑之迅捷，作为学者，绝非可耻之事。

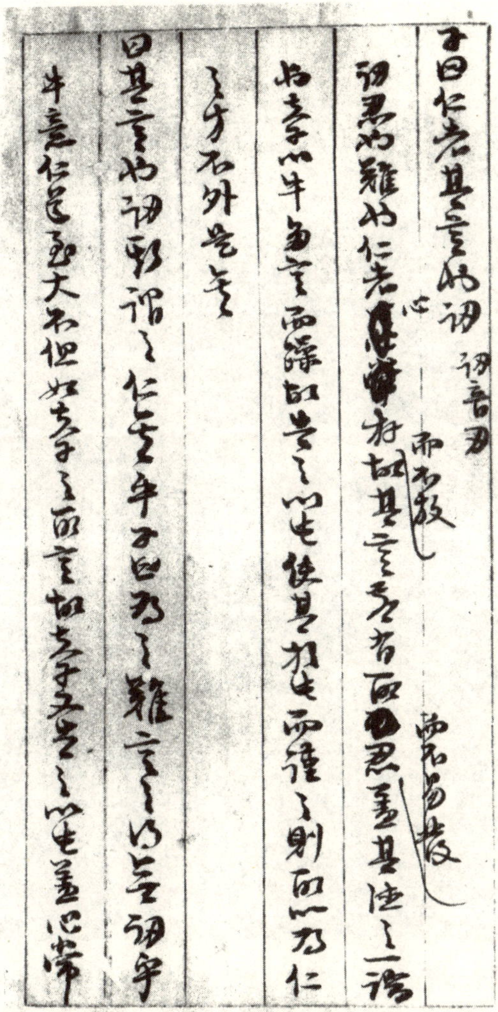

《论语集注》残稿（图片引自《中国书法全集》）

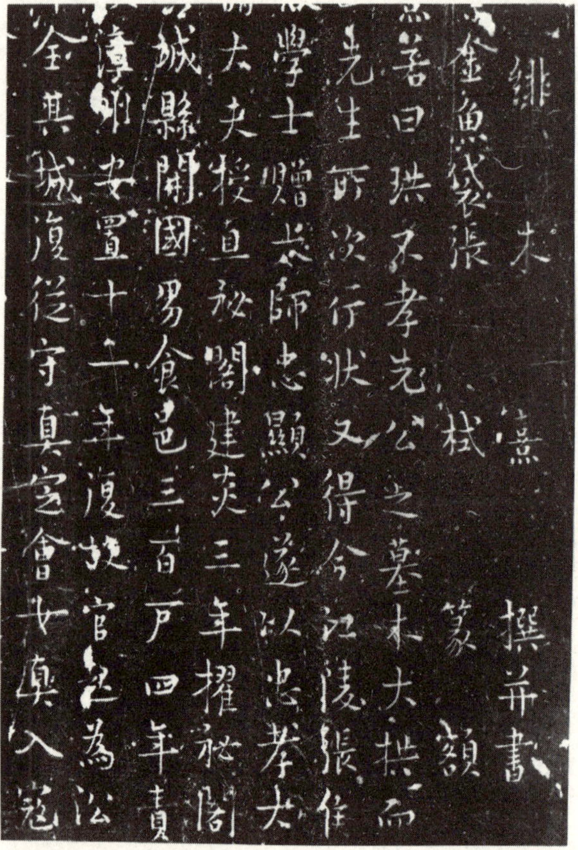

朱子书刘子羽神道碑拓本（图片引自《中国书法全集》）

朱子在学问上极其鄙视王安石，不过这两个人的性格却着实有着很多共同点，政治上的意见更是基本一致。如果朱子能如王安石一般有机会从容于庙堂之上的话，恐怕也会施行和王安石相同的举措吧。前人对朱子书迹所下的判语，绝非偶然。

以上我们所讨论的是朱子小字稿本，至于大字榜书，其中情况又有所不同。综合朱子这方面的言论如下：

> 学书莫盛于唐，然人各以其所长自见，而汉、魏之楷法遂废。入本朝来，名胜相传，亦不过以唐人为法，至于黄、米，而欹倾侧媚、狂怪怒张之势极矣。[1]
>
> 本朝如蔡忠惠以前，皆有典则。及至米元章（芾）、黄鲁直（庭坚）诸人出来，便不肯恁地。要之，这便是世态衰下，其为人亦然。[2]

由此可知，朱子虽然部分认同黄、米“欹倾侧媚”的长处，却又贬之为变态之书。那么，朱子自身的大字，又具有怎样的面貌呢？对此，最需要参考的，便是《宋故右朝议大夫充徽猷阁待制赠少傅刘公神道碑》的字迹了。此碑的传主正是朱子的父党和恩人刘子羽，于淳熙六年（1179 年）为其子刘珙

[1] 见《朱子大全集·文集》卷八二《跋朱喻二公法帖》。（译者注）
[2] 见《朱子语类》卷一四〇。（译者注）

所立，由朱子撰写碑文并书丹，又由张栻（号南轩，字敬夫）篆额。朱子所书此碑，字含艳态，而又佐以筋骨。的确可以从中想见其性格。正如他所说："笔力到，则字皆好。"[①]

而除此之外，朱子还有一种大字行书存世。清光绪十九年（1893年），吴大澂得到朱子墨迹之后，曾在湖南岳麓书院立碑刻之。此为朱子赠别友人张栻的两首诗，见载于《朱子文集》卷五。而将之与拓本相校，文集本中的"商"字在拓本上作"商"，遵从了当时通行的俗字。当然，其书风并未遵从当时的"欹倾"风格，唯有些显得过于甜腻。而我在此节特为提到此碑，也是为了表示对吴大澂鉴赏能力的一种敬意。

【参考书目】

《朱子年谱》

《宋史》卷四二九

《朱子全书》卷六五"字学"

秋月胤继《朱子研究》

① 见《朱子语类》卷一四〇。（译者注）

张溥

遥控朝政的乡绅

一　所谓乡绅

回顾漫长的中国历史，我们往往会以为，在专制政体——或者说独裁政治的威权之下，民众的选择便只有屈服和起义两种，然而事实却并非如此。在中国历史上，是的的确确有舆论、政党、政治运动，甚至是反独裁斗争的存在的。只不过中国古代的这些运动，是以一种和近代西方社会中类似运动完全不同的形态来展开的。且中国政治运动的形态自身，也理所当然地随着时代的改变而改变。这无非是因为政治运动也需要与其时的社会状态相对应罢了。而在明代来讲，明末的东林、复社等运动，也自然与当时的社会状态有着密切的关系。这种关系，本身便是历史学研究的绝佳题目，令人颇感兴趣。

而处于上述两次政治运动的中心的，便是所谓的“乡绅”。乡绅，如其字面上的意思，指的是在乡的缙绅，也就是

原题为“张溥及其时代——明末一介乡绅的生涯”，小节划分及标题为原书所有。（编者注）

作为地方上持有一定官位的知识阶级，同时又兼顾着大地主或是资本家之身份。这一阶层通过以下三个方面来影响社会：首先是乡曲上的武断，表现为对土地上的弱小民众在权力和财力上的单方面影响，使这些民众按照他们的意愿行动。需要注意的是，乡绅所为的并不仅限于镇压，他们有时还兼任民众的代理辩护人。其次是对官政的把持，乡绅凭借其在地方上的权势，得以向地方政府的行政施加一定压力，干涉其施政方针，对其方针表示异议等。就其结果而论，这种行为同样并不仅限于流毒地方，而是时常会做出一些帮助弱小的侠义之举。第三，则是更进一步地遥执朝柄，从所居住的遥远地方直接影响中央政府的施政方针。而如此令人难以置信之事，又是如何完成的呢？其实所谓“遥执朝柄”一语，最初则是专门用在东林党之顾宪成和复社之张溥身上的。关于东林，明代蒋平阶《东林始末》万历三十九年（1611 年）五月条载给事中朱一桂、御史徐兆魁奏疏中有“顾宪成讲学东林，遥执朝政”之语。而关于张溥，《明史》卷二八八其本传中载刑部侍郎蔡奕琛在狱中还曾宣称：“溥遥握朝柄，己罪由溥。”《东林始末》崇祯十四年（1641 年）六月条亦载蔡奕琛之语，谓张溥：“一里居庶常，结党招权，阴握黜陟之柄。”所谓“里居庶常”，指的便是其乡绅的身份。[1]

[1] 明确以“乡绅”指代张溥的例子，《复社纪略》卷二载周之夔弹劾张溥、张采、刘士斗之事时谓：“之夔遂坐溥、采悖违祖制，紊乱漕规。指士斗为行媚乡绅。”同书卷四又载张国维回奏中有“献媚乡绅”之语。

乡绅在地方上作威作福，对地方政事指手画脚应该是很容易理解的。不过，他们又是如何干涉朝廷政治的呢？特别是张溥，据称竟然能通过政治运动，将前大学士周延儒官复原职。若史实果真如传闻所言，那么让这一事件得以顺利进行的明末社会机器，又是怎样运转的呢？这便是我从很久以前便抱有的疑问，而现在则尝试用本文来试着自问自答一番。

本文所根据的史料，主要是《中国内乱外祸历史丛书》所收蒋平阶《东林始末》、吴伟业《复社纪事》、眉史氏（即陆世仪）《复社纪略》等书，以及《崇祯实录》《明史》《明史纪事本末》《明纪全载》等，其中以《复社纪略》一书引用最多。引用时若是没有注明出处，则基本都是出自此书。此书大抵以年代排列，检索起来并不是很难。可惜的是，此书实是未完之作。而所谓《明纪全载》，其实是《历朝通鉴辑略》中“明纪”部分，位于该书卷四十到卷五十五处。该书为朱青岩所撰，卷首有康熙三十五年（1696 年）礼部尚书张英的序文。

二 从东林到复社

关于东林的详细讨论，本文实在无暇涉及，亦非小论的主旨所在。不过，东林党既然是作为本文论述对象的复社的“先行事件”，又与后者有着非常深远的关系，在此便不得不在最小限度内对其性质做一番简短的探究。

首先，东林的起源向来都被认定为万历二十一年（1593年）的京察以及翌年的廷推。京察即京官考察，是中央政府对官吏的一种勤务评定，每六年一次。在那一年的京察中，宰相——即内阁大学士的亲信大多仅获得了很低的等第，引起了骚然物议，使得吏部尚书孙鑨、考功郎中赵南星不得不负起这个责任，继而被罢免了事。而实际上，大多数学者均以为，这件事的主谋是时任吏部文选郎中的顾宪成，可是罢免顾宪成的命令竟莫名其妙地被取消了。

第二年，朝廷照例举行廷推。所谓"廷推"即是用以推举内阁大臣的一种手段，由吏部和朝中三品以上的官员共同评议之后，向天子奏上数位候补者的名单，请求天子裁断，而其中亦有天子不经过廷推直接降下特旨任命内阁大臣的情况。该年的廷推人选，因其推荐人为天子所不喜，故吏部尚书遭到了斥责并被罢官，而上疏为尚书陈情的文选郎中顾宪成，则同样因触怒天子而被免职。这一事件也就成了东林运动的开场。

顾宪成是苏州附近的无锡人，当地有宋代杨时所建的东林书院，他便和他的弟弟允成及其他友人一起将东林书院重新修葺了一番，用作讲学之所。他们所讲之"学"，并非纯是经书上的学问，而兼有讽议时政、裁量人物之用，很快受到了天下之人的附和，书院也成了全国在野派的舆论中心。所以说，狭义上的东林党不过是顾氏兄弟、高攀龙、黄尊素等人。然而广义上所谓的"东林"，却是指与上述诸人同调，而与宦官魏忠贤及其党派进行对抗的广泛的官僚士大夫群体。最终，经过一番惨烈的斗争，东林党的主要成员大多于天启六年（1626年）为阉党控制下的政府逮捕处刑，几乎被一网打尽，几近溃灭。

中国历史上的政治斗争，与其说是以政策为中心，不如说是以人事为中心的，特别是明代的政治斗争更是如此。东林党便是这一现象的最好的例子。从万历二十一二年的京察、廷推开始，经过万历三十九年（1611年）辛亥的京察，东林党与其他党派进行了屡次冲突，其势力最终得以在天启初年（1621年）扩张到了顶点。此后，以魏忠贤为首结成的东林党之反对党，又开始试图反击。这期间党争的主题，也就是所谓“三案”，在今人看来甚至不过是无关政策取向的琐屑之事，而其实际则潜伏着东林派政治家的致命弱点。而最终，在实力的对决中，挟天子自重的魏忠贤取得了压倒性的优势，从而击溃了东林党。

自古以来，中国的政治哲学，都以为居上位者除了使用并放任有能力者负责具体事务之外不需要做任何事情，所以人事进退自然成了政事的中心问题。这种方式在古代的小规模都市国家中尚有用武之地，不过到了大规模的天下国家——即中国秦汉以后的历代王朝中，却只是一种落后于时代的斗争罢了。此外，中国的宰相在人事任免上，又往往受制于六部里最有权势的吏部尚书之掣肘，这一传统中潜伏着中国政治未能现代化的原因。而上述情况，作为当时一大政治党派的东林，亦不能例外。

关于东林党所需要注意的第二点，便是其成员作为官僚的所谓精英性质。宦官魏忠贤掌握了绝对权力之后，曾造作一份名簿，罗织了所有反对者的名字，这其中除了去世已久的顾宪成之外，尚有李三才、王图、赵南星、孙丕扬、邹元标等重臣。可是，这些人虽身列党籍，却大多从未主动结党。在当时，官员除了与天子保持纵向联系之外，是不允许彼此之间存在任何横向联系的，结党自不必说，就连近似党派的群体行动也在严禁之列。是以当魏忠贤将他们归为“党人”之际，便已经将他们当作罪人了。实际上，东林党并不存在任何中心人物。所以当敌方首领魏忠贤获得了天子之信任，得以驱使百官，派出秘密警察来对付东林党时，后者竟无任何抵抗之策。

在后世看来，东林党的政治活动，实在不包括任何政治主张，东林党人不过是带着一腔悲愤来反对专横宦官的文人而已。虽说其勇气和正义感不得不令人心生敬意，但其根底上的空虚，却是怎么都掩盖不了的。事实上，当时冷静的旁观者之中，即有一种意见，以为东林党本身亦有着巨大的缺陷，魏忠贤的所谓阉党固然无论，就算是东林党，在某种意义上讲与前者亦是同罪的。

天启帝之后的崇祯帝甫一即位，便立即诛杀了魏忠贤及其党羽崔呈秀。然而，吏科给事中旋即上疏，言“东林余孽，遍布长安”，请朝廷派“厂卫严缉”。倪元璐亦上疏，称：“凡攻崔、魏者，比引东林为并案，一则曰邪党，再则曰邪党。夫崔、魏而既邪案矣，向之劾忠贤、呈秀者，又邪党乎？虚中言之，东林……谓之非中行则可，谓之非狂狷则不可。”而为魏忠贤所毁去的书院的复兴计划，亦因为各种原因而搁置了起来。

不过，真正继承了东林精神的，却是我们此文所讨论的张溥等人的复社，即所谓的“小东林”是也。那么，这个复社的实相，又是如何呢？

三　张溥的登场

张溥，字天如，苏州府太仓州人，生于万历三十年（1602 年），死于崇祯十四年（1641 年）。其父翊之，资历止于一介太学生。张溥有兄弟九人，因自己为婢出之子的关系，想来自小到大亦没有受到什么来自其他亲戚的礼遇。这种家庭背景所形成的某种情结（complex），也对他的性格起到了决定性的影响。从好的方面来讲，他自幼发愤励学，“右手握管处，指掌成茧”[1]；而从坏的方面讲，这种情结也必然要对他之后那种炽烈的权力欲、名誉欲负责。

当时，以江南为中心，文人创办所谓“文社”之风在全

[1] 见《明史·张溥传》。（译者注）

国范围内非常盛行。这种盛行，部分固然是因为朝廷方面对书院的弹压而造成的一种反弹现象。然而，书院和文社之间，却又有着一个非常显著的区别。

作为私立学校的书院创立于五代而流行于两宋，在明代又因为阳明学的影响而再次盛行。其主要的目的，在于阐明儒教的教义，并激励学生去躬行道德的实践。可文社却如其字面上的意义那般，主要是专门讨论文学、磨炼作文之才的同志间的集会。而当时的所说的"文章"，除了某些特殊用途之文外，大多指的是为了通过科举考试而写的所谓"制艺"[1]。当时的文章名家，亦大多以写作科举考试范文并将之传授应考生为业，且因此被称为"大艺术家"而获得大家的尊敬。这种现象看似委实有些不可思议，不过当知识阶级最为关心的事情成了科举之时，对于人生最重要的文章，也自然就是那所谓的制艺了吧。所以，制艺以外的其他文章便是装点门面的死文章，而制艺则是拥有独立生命力的活文章。在后世看来，于这种制艺当中追求真正的文艺，当然是缘木求鱼。事实上，到了清代之后，科举相关的学问固然是一种必要，每一位士子都会在自己的青年时代勉力从之，不过等到及第，便将之抛却，开始着手真正的学问了。然而对于明代来讲，士子及第之后，并没有如清代考证学那样值得劳心费神的对象，是以其学问文章亦大多停留在了及第之前的状态。其参加诗文活动的时间，亦限于及

[1] 即八股文。（编者注）

第前。

张溥在少年时代所努力的学问，亦不出上述范围。不过即便是为科举而写的文章，若要别出心裁，却是需要花费一番苦心的。为了广泛地摄取知识，不得不读破“经史子集”四大部类。在这其中，最重要的则是如何选择的问题。以当时苏州为中心的学界，在祝允明提倡的古学复兴运动影响下，张溥主张在经部直接阅读古代注疏；史部则不读《通鉴纲目》而是直接用《十七史》，不得已时才取各种纪事本末以补足；至于文体，更是由唐宋而上溯汉魏六朝。而在古文上曾经指导过张溥的，则是镇江的周介生（钟）。

当时以制艺闻名、同为江西抚州出身的四大名家分别是陈际泰（大士）、艾南英（千子）、章世纯（大力）、罗万藻（文止），被合称为“陈艾章罗”。然而，如此以文章闻名之人，本应该就此在科举中猎得高第才是，可四人中的艾章罗三人不过是乡试及第的举人，而陈际泰更是乡试都未能通过的一介生员。所谓的科举，并不只是考核学力和文才，而更是偶然的风云际会，这想来正是古往今来的不变准则吧。陈际泰其人，在曾向他学习文章之道的学生纷纷及第成为高官之后的崇祯七年甲戌（1634年）会试中，终于凭借考官文震孟之力得以及第，继而在随后的殿试中成为进士，其时年已届六十八。

而张溥以兄事之的周介生，亦曾为这种不第的命运所玩弄。这位早熟的秀才角丱之年已学富五车，幼童之时又号称读破万卷。他在文章上提倡新体，又组织了应社，吸纳了陈子龙、夏允彝、吴昌时、杨廷枢等人，翕然风靡于天下，使得往昔陈际泰的追随者们都改换门庭，投入了这个应社。不过介生本人进士及第的时间，却要等到明代灭亡的前一年，即崇祯十六年（1643 年）了。

张溥的前半生，看起来也和上述这两位人物类似。他不仅以博学著称，而且“诗文敏捷，四方征索者，不起草，对客挥毫，俄顷立就，以故名高一时”[1]。又与同乡六岁年长于己的张采（受洗）意气相合，并称为“娄东二张”。

我们并不清楚张溥经过了几次童子试才成为及第的生员，可他在乡试中屡战屡败却是事实。一直等到崇祯元年（1628 年），为了庆贺新天子即位，朝廷下诏，选天下学校生员中优秀者进入国子监成为恩贡生之时，二十七岁的张溥“才”通过太仓州学被选入都。这实在有些可疑。盖向来选为贡生的，大多是老年生员，以张溥二十七岁的年纪来讲，无疑有些太过年轻了。在这点上，我以为张溥的实际年龄，是要比史料所记载的年长了十岁左右。这一推测的理由，除了拔贡一事之外，按史料所载，前文所述的张采应当比张溥年长六岁，然而从两人的交往来看，张溥却丝毫没有表现出较张采年幼的迹象。另一方面，吴伟业（梅村）号称张溥的门人，可按照史载张溥的年纪，二人之间仅仅差了七岁而已。而且张溥的著作号有数百卷，又号有三千余卷，虽说其中大部分乃是编纂而非亲撰，但

---

① 出《明史·张溥传》。（译者注）

以四十而亡的年纪来说，也实在太多了一点。①

张溥在拔贡入都成为太学生之后，又在考试中获得高等，不但结交了诸同辈贡生，还得到了各种名流硕儒，以及因魏忠贤失势而被传唤至京城与崇祯新政的官员的折节订交，乃至每日流连于各种宴会，名满京师。如果说这些记载都是事实的话，那么我们便不得不怀疑，这种老练的做派是否出自一个二十七岁的白面书生之手。

张溥在北京主唱的文会，即所谓“成均大会”。这种文会与今天日本的诗会非常相像，出席者带着各自的作品互相评骘，之后又将之编为文集，以广流传。

到了随后的崇祯二年（1629年），苏州吴江县县令熊开元（鱼山）又将张溥迎入县界，县内富豪吴氏、沈氏子弟亦争相拜其为师，从而举办了以张溥为盟主的尹山大会。附近的名士也纷纷集于一堂，可谓一场盛会，使张溥之声名水涨船高，湖北、安徽、河南、浙东等地的士子亦远道前来拜访，陕西、山西、福建、广东等更远之地，则传来各种文书，表示祝贺和请教。

崇祯三年庚午（1630年）是三年一度的乡试之年，南直隶一地的生员为此聚集在南京贡院，展开了激烈的竞争。而以

① 关于张溥著作的卷数。《明史》卷二八八其本传中所记为“三千余卷”，而吴伟业《复社纪事》中则谓：“先生所纂《五经疏大全》及《礼书》《乐书》《名臣奏议》数百卷，缮书进览。”不过这里的“数百卷”似乎只是进呈给天子的卷数，而非其全部的著作。

张溥为首的应社生员，亦大多在此次乡试中及第。张溥也借此机会举办了所谓的金陵大会。

四　复社的活动及其基础

崇祯四年辛未（1631 年）是举行会试、殿试的年份，新举人张溥也赴京参加了这些考试，并最终及第。不过，周介生等人主唱的应社也好，张溥举办的文会也罢，其实都并不单纯是为了讨论文章、交朋结友，而是有向当局者示威、施加压力的意味。而随着民间各色组织的盛行，和月旦人物文章气氛的甚嚣尘上，当局者自然也不能不将之视作无物。

而在当局，既有颇为这种民间声势所困恼者，亦有反过来利用这一新兴势力者。后者通过使博得舆论眷顾的名士通过科举成为自己的门生，不但赢得了舆论的称誉，更强化了自己的政治地位。与文社出身的青年政治家为友或为敌，亦直接关系到自己将来政治活动的利害。这也就是朝廷大臣大多迎合文社之舆论的原因了。

当时朝廷的首席内阁大学士是周延儒，而次席则是温体仁。由于会试举行于天子脚下之重要性，多由内阁大学士出任主考，而首辅大臣既少闲暇，通例多由次辅主考。可是崇祯四年，周延儒为了招揽士子入其门下，不顾温体仁的反对，亲自出任了会试主考官。他命令手下其他考官，特为留心张溥等名士。本来，所有的试卷都必须糊名批改，而且又经过一道誊录的手续，不可能通过笔迹辨认出所要拔擢的士子。如此一来，唯一的线索便是文章本身了。张溥的文章汪洋恣肆，考官仔细辨认的话，还是能发现很多属于他个人的痕迹，就算不能确定到张溥个人，还能将风格相似的所有这类考卷全部判为上等。正是因为这个原因，最终成为此年会试会元的吴伟业虽是张溥的门生，其成绩反而比后者来得高。不过不管怎样，张溥也总算是成功及第了。而及第的其他名士，尚有夏曰瑚、管正传、周之夔等，也使座主周延儒成了新锐政治家的领袖。

话说回来，上述的这种情况，在后来的清代却是行不通的。因为清代的主考之权威甚重，需要士子揣摩主考的学问文风，并努力模仿，而不是如明代那样，由主考反过来根据士子的文风推断，录取那些名士。事实上，这种风气并非从周延儒开始，早在东林诸人当道的年代就已经存在了。比如黄煜《碧血录》所收魏大中《魏廓园先生自谱》万历三十一年（1603 年）、二十九岁一条曰："时竞者日奔走名绅之门自鬻，名绅亦复假文字以收名生……（我）心丑之，故……乡试不售。"

一旦通过了会试，原则上在接下去的殿试中就不会再出现落第的情况，也就能够顺利地成为进士了。而这殿试所关乎的，却还有士子间的名次问题，如吴伟业便因为成绩拔群而成为了第二名榜眼，而张溥也因为名次较高，得以出任翰林院的庶吉士。所谓"庶吉士"，即翰林院的一种见习生，而张溥在出任此职期间，却因为他那理所当然的自信而显露出一种实在说不上恭顺的态度。特别因为是与内阁大学士温体仁之间的冲突，使得他在进士及第后第二年，便以丧亲为由请假归乡，从此再无复出之志，过上了字面意义上的乡绅生活。

崇祯六年癸酉（1633 年）之春，张溥第四次主办了名为虎丘大会的文会。当时，除了以周介生为领袖的应社之外，其他知名的结社尚有江北的匡社、松江的几社、浙西的庄社等，张溥纠集了这些文社，将之归并组成一个统一的巨大文社运动。在此次大会之前，就已经“传单四出”。“至日，山左、江右、晋、楚、闽、浙以舟车至者数千余人。（虎丘山云岩寺之）大雄宝殿不能容，生公台、千人石鳞次布席皆满……观者甚众，无不诧叹，以为三百年来，从未一有此也。”[1]也正是在这次集会上，这个整合了旧有文社的新社被定名为“复社”，其中正带有复兴古学的意味。同时，社规也得以成立，其中有“毋巧言乱政，毋干进辱身”这样一条。如其字面意义，指的是不得参与政治、谋求官位。本来，复社的目的似乎无非是单纯地钻研文学之道。然而，其成立的旨趣既在“复兴古学”，那么文学上的研究也自然不能漫无目的，而是只能被规定在某一范围之内，不得逸出。而所谓推进古学的目的，也就表示，对违反此既定方针者必须加以排除。正是因为如此，复社运动从一开始便不得不走上了政治运动的路子。

[1] 出陆世仪《复社纪略》卷二。（译者注）

与之前的东林不同，复社成员大多是下层乡绅和尚未及第的士子，和主要由重臣和中坚官僚构成的东林相比，复社在这点上看似远远不如，而实则绝非如此。因为东林既然是由官僚构成，便一定会受到官员不能结党的法规的限制；与之相对，复社既以研究文章为名，自然可以公开结社并在行动上取得统一。以张溥为盟主的复社，总部设在太仓，又立有四位社长辅佐张溥，在各地府县亦有当地的社长，还有纠弹、要约、往来、传置等司负责处罚违反社约者、传达命令、人事交际、文书传递四方面的事务，已经是一个非常庞大的有机体了。

虎丘大会之后，张溥又募集了社员的文章，汇编为《国表集》这部总集，收纳七百多位作者共两千五百多篇文章，被称为大明立国以来未有之盛事。

而复社既以讨论文章为名，那么首先需要做的，便是解决社中名家多未科举及第的问题。事实上，此前的数场大会，都带有为应考社友应援、对主考官施以无言之压力的意思，等到复社正式成立之后，这种施压也愈发露骨起来。眉史氏（陆世仪）《复社纪略》卷二载有如下一桩轶事，可谓是对这种现象最为鲜活的描写：

> 湛持（文震孟）将赴职时，郡绅饮饯于徐九一（汧）之止水（亭？），天如（张溥）谓湛持曰："明年（崇祯七年）会试，同考公必压帘。今海内举子不愧会元者，惟陈大士（际泰）暨杨维斗（廷枢）二人耳。幸留意。"湛

持曰："天下人读大士文，取巍科者不知凡几。而大士久困，吾此番当收之夹袋中。"天如转语项水心煜曰："然则维斗乃公责也。"水心亦首肯。天如又言吴峦雉（钟峦）久为海内师范，此番不可不使之释褐。两人唯唯。比入闱，湛持压帘，觅得大士卷袖，示水心曰："昔为老社长，今作老门生。"水心狡，欲会元出己房，乃持一卷示湛持曰："已得维斗卷矣。大士、维斗与吾党交情无少轩轾。但冠冕天下，与其邻省（江西），毋宁吾乡（苏州）。"湛持乃持卷细阅曰："诚维斗焉，何得不让？脱非维斗，奈何？"水心曰："今场屋中谁能作此等文者？若非维斗，当抉吾眼悬之国门！"湛持见其真恳，遂许之。旧例：会元必让压卷，填卷在末后。时主司注视项卷，湛持反为逊谢，出己卷先填而让项卷冠军。及拆卷，乃李青也。湛持恚甚，然已无如之何矣。煜缪负罪，湛持正色曰："此举不惟负大士，并负张天如矣！"榜发，钟峦亦中试。同帘薛国观出告体仁，以其《国表（集）》姓氏查对，见中试者多出复社。

以上仅仅只是复社成员为了使社友及第而进行运动的一个例子。而随着这种运动的效果为人周知，天下士子也就自然争相抢着要加入复社，其中有财力者更是不惜给复社提供财产上的支持了，而这也正造就了复社势力不断扩张的循环作用。如《复社纪略》所言：

> 远近谓士子出天如门者必速售，大江南北争以为然……复社声气遍天下，俱以两张为宗，四方称谓不敢以字：天如曰西张，居近西也；于受先曰南张，居近南也……而溥奖进门弟子，亦不遗余力。每岁、科两试，有公荐、有转荐、有独荐……所以为弟子者争欲入社，为父兄者亦莫不乐之子弟入社……两粤贵族子弟与素封家儿，因淳拜居周、张门下者无数。诸人一执贽后，名流自负，趾高气扬。

需要注意的是，张溥本人亦颇有名士的自觉，不仅时常以孔子自拟，又将弟子门生拟作孔门之“四配十二哲”，并因此受到了后人的非议（参《复社纪略》卷四载徐怀丹檄文）。不过上述这些事情，说到底，可能也还算是属于复社“文笔活动”的范围，亦未可知。

当然，随着声名渐高，复社的某些活动也开始脱离了这种范围。这恐怕也是因为，以张溥为首的复社党魁们实非稳坐书斋的学者，而是带有俗世臭味和巨大权力欲之人的关系吧。将他们所开展的政治活动一一罗列自是绝无可能，在此我只能做一些简单的概括。在现代人看来，这些活动或许只是些微琐事，可是他们作为乡绅而活跃于政治的原因，却对我们了解明末之世相有着重大的意义。

这其中的首要原因便是动员大众的能力。此处的“大众”，却并非后世所谓的无产阶级（Proletarier）。作为一种文化运动，复社的基础在都市。而都市的构成又非常复杂，不能简单地以统治者和被统治者截然区分。也正因为其中的贫困阶级并未形成后世那种阶级性上的自觉，其行动在今日看来，着实有许多不可理解的情况。眉史氏陆世仪《复社纪略》卷四载徐怀丹曾以檄文列举复社的十宗大罪，其中有两条，乃谓："僧道优倡俱入社中，医卜星相莫非友人……拳勇之徒，不呼而集；大则肆其愤毒，小则开其衅端。”可见复社曾得到过各种阶级的帮助，并在各种事务上能对之加以利用。

而检同书所记的其他实例，下面这桩事件[1]同样引起了我们的注意。新知太仓州事的刘士斗到任后，常与二张商议当地政事，却因此招致了署苏州府事的周之夔的弹劾，并就此被罢免。而“士斗治娄清廉而有惠政，士民惜其去，负石迭垒国门以留，倾国数十万人为罢市”云云。

此事中的周之夔是福建出身，本来其实也是复社中人，进士及第后得以担任苏州府推官，不过当时，他本来精心谋划的当地乡试同考官一职，却经二张的一系列政治运动，突然被更换成了刘士斗。从此周之夔自然深恨士斗与二张，最终趁着担任临时知府代理的机会，对士斗进行了弹劾。

二张对此自是激愤无比，极欲追究周之夔之过。而周也因此受到了前辈文震孟等人的责难，不得不深自反省，向上司

---

[1] 以下事件，均概括自《复社纪略》卷二。（译者注）

提出关于自己此前“不正当弹劾”的检讨书。不过对二张来说，这种程度的悔过，显然不足以消弭其对周的下一步处置。很快，代理知府周之夔在当年崇祯七年（1634 年）的科试中所行不公的传闻四散，当地生员骚动不已，“甚至抬城隍神像坐府署诅之；则诸生即非复社中人，亦恨之深也”。之夔一旦步出府学，即受到诸生的围堵，“之夔惭忿，申文两台，惟自劾，不敢及诸生，以为首皆权要之子弟故也。因杜门谢职”。上司亦不敢轻举妄为，遂改任周为吴江县知县，欲与复社取得和解。然而，等到周之夔前往吴江赴任之后，生员再次将之围堵。

而周之夔的辞职和请假申请又因各种原因均被上司驳回，他只得回到苏州府推官任上，“莅任匝月，郡中绅士无一投刺见者”。至此，又唯有屡次三番地上疏乞致仕，最终在半年之后成功去职的他，带着对复社的恨意，草成《复社或问》一编，向世人控诉复社的专横。其中一节说道：“下至娼优隶卒、无赖杂流，尽收为羽翊。使士子不入社，必不得进身；有司不入社，必不得安位。”[1]

而作为复社最终手段的动员大众、行使权力，在张溥死后犹有余风，当北京被攻陷之后，出现了一场针对阮大铖的反抗运动。对此，杜登春《社事始末》中有如下的记载：

---

[1] 《复社或问》原书已佚，此处引文实出《复社纪略》卷四载周之夔上疏。（译者注）

甲申三月，闻（北京陷落之）变哭临，孽（阮大铖）欲随班行礼，同社草檄攻之。孽愤，募青手数十自卫，似有侮辱诸生意。徐武静与张退谷各率东阳、义乌之力士戴宿高等，亦执白棒，行昼日中，见青手即击逐。孽由是不敢临，士气稍振。

可见这种大众动员力，正是复社运动的最佳武器。

第二个需要注意之点，便是复社的情报传达能力。这其中情报收集自然无须多言。而复社结成伊始，便在各县设置社长一人，其职务即是“司往来传置”，所谓的“传置”，便是传达的意思了。

《复社纪略》卷二曾记：“当天如（张溥）之选《国表》也，湖州孙孟朴淳实司邮置，往来传送，寒暑无间。凡天如、介生游踪所及，淳每为前导，一时有‘孙铺司’之目。”所谓“铺司”，即执掌官文传达的官员。孙淳之名不见于复社成立之初的名簿，想来是也是凭借其在这方面的努力才得以入社的。而其所为，既已等同于政府所设立的驿站负责人，那么“孙铺司”其实也就是“邮局局长”的意思了。

而当时的民间，其实早就有了如今日邮局一般负责文书传递的专门机构，即所谓“报房”者。先前，东林名士杨链被逮捕送往北京之际，曾试图营救他的义士朱祖文曾留下过名为《北行日谱》的记载，其中便记录了通过北京的报房如何将书信发往苏州的过程。这种民间的邮政行业既然如此发达，想来本应是一桩面向大众的营利事业才对，不过复社的所谓传置，或者说邮置，却是社长们专用的文书传达体制。《崇祯实录》卷一崇祯元年七月乙亥条即有“严禁私驿”这样的记载，前后虽无相关记事以供参照，不过这里的所严禁的“驿”，恐怕即是上文所说的“递”“报房”、文社之“传置”和“邮置”的同义词。当然，民间如此发达的这些机构本有其存在的必要性，是绝无可能仅凭一纸文书将之禁绝的。另一方面，当时的朝廷发布此等禁令的原因，却又是值得我们思考的。

中国自唐宋以来，随着商品在全国范围内的愈发流通和货币经济的盛行，对商品经济来说，最为重要之事便是情报的入手。因为在生产品变为商品的过程中，不得不对全国范围内的供求关系作一统计，进而决定商品之价格。在这一点上，我个人的想法，自然与那些强调宋元明封建时代的落后性，以为当时中国尚处在区域经济自给自足状态下的学者完全相反。根据我的想法，对当时的商业资本家来讲，经营所必不可少的便是情报收集，而作为民间情报机构的报房、邮置等政府所谓“私驿”的情报网也就变得无比发达了。当然，这种情况与政府的利害相冲突，也是理所当然之事了。

明代初年，政府对于必要物资的调配，尽可能采取自然经济式实物收入的原则。即由农民直接缴纳米谷以为田赋，边地的军粮物资问题则结合盐法，由特许盐商代为缴纳谷物，又委托民间代为养育马匹。然而随着时代的演进，政府的政策亦有所改变，即将一切财政收入货币化，直接令民众缴纳现银，再以现银购入物资，可以说是渐为接近了近代的市场经济。在田赋上直接使用金花银，在盐法上罢免了开中法，而民间牧马事业亦直接使用太仆寺银。众所周知，关于这些制度上变迁的研究，近时多有发表。

而政府经济的现银化，也就意味着政府本身已限制不了其曾经致力于限制的商业行为了。在政府和商人的交涉中，政府虽然表面上是掌握权力的一方，可实际上却并非如此。在官僚那一方，因其须以完成物资调配为首要任务，即便价格高出事先政府的规定，花的也不是他个人的钱，本身便不痛不痒。而在商人那一方，其握有关于商品之情报这一点，便已经成为交涉中的最大优势了。当然政府本身亦设有可供利用的情报系统，不过在无能的官僚和怠慢的胥吏之支配下，仍是抵不过狡狯的商人的。

那么，有趣的问题来了，上述的政府御用商人的背后，其实就是我们所要研究的乡绅。乡绅当然不会直接介入商人和政府的交涉。不过，当商人发现自己在这种交涉中不能占有优势之时，便需要以代理、执事之名，托付当地的乡绅来代表自己的利益，与政府进一步交涉。这实在并非不可思议之事。

在明后期财政极端紧张的情况下，政府在国防和水利等事业上投入莫大资金而产生的利益，必将吸引大批商人，最后也必将填饱各种乡绅的肚子。于是，渐渐意识到了这一点的明政府，为了抑制商人的情报收集活动，便发布了上引“严禁私驿”的命令。

在国家衰败之际，乡绅阶级却在享受美好的生活，这便是我以为的明末世相。甚至如张溥这般有为之人，亦没有徜徉官场之心。身为乡绅本身便意味着财富、权势和名声，进入如伏魔殿一般的朝廷也毫无必要。

在明朝渐入末路的崇祯九年（1636年）四月，武生李琎曾经上奏，请搜括巨室，以助边饷。根据当时资本家的资产目录，如此半强制性地“借饷”或许能满足当时日益高涨的军需。可是在谷应泰《明史纪事本末》卷七十二“崇祯治乱”条之下，却记载了大学士钱士升对这一上奏的反对意见：

> 李琎者，乃倡为缙绅豪右报名输官，欲行手实籍没之法。此皆衰世乱政，载在史册，而敢陈于圣人之前，小人之无忌惮，一至于此。其曰缙绅豪右之家，大者千百万，中者百十万，其万计者，不胜枚举。臣江南人也，以江南论之，数亩以对，大数以百计者十之六七，以千计者十之三四，以万计者千百中一二。江南如此，他郡可知。且所恶于富者，兼并小民耳。郡邑之有富家，亦贫民衣食之源也。兵荒之故，归罪富家而籍没之，此秦始皇所不行于（寡妇）巴清，汉武帝所不行于卜式者也。此议一倡，亡命无赖之徒相率而与富家为难，大乱自此始矣。

这可谓是为资本家辩护的堂堂之论。不过，当时的首席大学士温体仁却以为钱士升的意见有沽名钓誉之嫌，逼迫其引咎辞职。而事实上，当时朝廷的财政状况也的确到了万无可为的境地。之后，温体仁之同党薛国观取代温成为大学士，再次开始鼓吹富豪献金论，最终却令自己遭致了被赐死的惨祸。此事可参前引《明史纪事本末》之下文崇祯十四年（1641年）四月条：

> 上常忧用匮，国观对以“外则乡绅，臣等任之，内则戚畹，非出自（天子之）独断不可”。因以李武清为言，遂密旨借四十万金。李氏尽鬻其所有，追比未已。戚畹人人自危，因皇子病，倡为九莲菩萨之言，云上薄待外戚，行夭折且尽。上大惧。国观又忤太监王化民，遂败。

当国观再次拿出之前李琎的提议之时，遭到了民间的富豪——即乡绅和外戚的联合反击。虽说国观所言是“借金”而不是“献金”，可他的真正想法，无非是从坐拥诸多不正当收入的乡绅，以及凭借贿赂广置地产的外戚处征收其储蓄罢了。据他所言，从乡绅那里征收钱款一事，可由自己以及属下诸大臣负责，而之后再从外戚处征收，则需要天子负起相应的责任来。然而，富豪乡绅却偷换了其中的顺序，表示天子需自为表率，先从外戚开始征收。如此一来便成功煽动了外戚对薛国观的仇恨，并由外戚借宦官之手动摇了国观的地位，而国观也就无暇对乡绅们下手，最后更是如后者所愿被赐死了事。可见，从团结一致的强豪乡绅处征收钱财，根本就是不可能之事。而以上的事件，亦让我们得以了解，当时朝廷的财政，已经到了何种穷迫的程度。

与经济活动类似，情报的收集和传递对文化和政治活动亦是十分重要的。对于复社这样的文社来说，若是没有定期联络与交换情报，那么便根本谈不上文社内部的团结与一旦有难时的紧急应对。所以各县的社长亦必须负起责任，频繁地传递情报。这些文书情报，一般来说是在各县社长手中不断接力，传递而来的，不过紧急状况之下，亦会利用上文所述的“私驿”——即民间报房来传递。

无须多言，文社的情报网可以直接运用在政治活动之中。远在周介生的应社时代，抚州艾千子曾批判过介生与张溥的文章，又和代周、张二人进行回应的张采产生过论战。随着双方关系的决裂——“于是，三吴社长传单各邑共绝之，”《复社纪略》如是记载道。而受到“村八分制裁”[1]的艾千子，很快便在苏州附近待不下去，只得趁夜离开了此地。而周介生和二张的这种应对方式，亦早已超出了文学论战的范围。

而在涉及当时官场的政治活动中，惯常的做法正是党派之间互相揭发敌党的弱点，使之失足。《复社纪略》卷

①作者此处借用的村八分制裁之概念，是日本江户时代在各个村落实行的制裁方式之一。对那些扰乱村子秩序的人及其家属，全体村民约定：除葬礼和火灾两种情况之外，断绝所有人与之的一切往来。（译者注）

三曰：

> 冏卿（太仆卿）史𡐓前任御史时，参劾异己，恣意倾排门户，欲处之。𡐓先巡按淮扬，婪贿甚多。天如（张溥）嘱扬郡春元（詹事？）郑元勋廉之，备得其赃迹，乃以款单达之台省……𡐓自此被察，传旨逮问，下狱追赃。

当时的官僚，在中央政府或许权倾一时，然其过去在地方上之时，大多有些手脚不干净，而若是能有效利用这些污点，便能达到对其的有效打击。如此一来，像复社这样掌握了广泛而强大的情报网的团体，也就自然可以对中央的人事进行干涉了。[①]上引《复社纪略》的下文更是有："乙亥（崇祯八年）京察，张溥虽庶常，得与闻察事。"

我们可以看到，复社是如何凭借强力的情报网，在四敌环绕之际，对大小官僚施加重大影响的。当张采的同乡、身为监生的陆文声因对张采的仇恨而上疏弹劾复社之后，政府派出调查组前来调查。张溥随即遣人前往陆文声之子茂贞处调停。

① 关于明末与后汉末年的比较。明末复社的活动，似乎很容易让人联想起后汉末年的处士横议现象。如果说明末的复社活动是以其情报网为中心的话，那么后汉末亦同样如此。只是后汉末年的情报网不过是一种"口头媒体"，其传播方式尚停留在口耳相传的地步罢了。当时所流传的各种谣谚，如"汝南太守范孟博""天下楷模李元礼"等，其实便如同今日的报章新闻标题一般，将各种人名和其所行相配而已。

而在《复社纪略》卷四中，则有如下的记载："茂贞因疾赴京，为文声述天如（张溥）语，文声默然不答。茂贞曰：'复社党羽半天下，独不为子孙计乎？'文声乃许之。"很明显，陆茂贞的意思无非是：一旦与复社作对，就很难保证文声子孙后嗣在官场人事上的顺遂了。

而当时的朝中大臣，无论在明在暗，大多都有复社后援的身份。在复社中人的话语里，这些人被称为"同志"和"先达"。《复社纪略》卷三曰：

> 其于先达所崇为宗主者，皆宇内名宿。南直则文震孟、姚希孟、顾锡畴、钱谦益、郑三俊、瞿式耜、侯峒曾、金举、陈仁锡、吴甡等。两浙则刘宗周、钱士升、徐石麟、倪元璐、祁彪佳等（以下略去原文河南、江西、湖广、山东、陕西、福建和广东部分）……诸公职任在外，则代之谋方面；在内，则为之谋爰立。皆阴为之地而不使之知。事后彼人自悟，乃心感之。不假结纳，而四海盟心。门墙之所以日广，呼应之所以日灵，皆由乎此……又复引掖后进，内而中（书）行（人）评（事）博（士），外而推知[1]，有名望应考选者，俱力行荐拔。其

[1] 此处原文，作者将原史料"推知"二字训读为"在外则推举引荐，令世人知道其人"之意。其实这里的"外而推知"指的是"在地方上则引荐其人为推官和知县"，与前文"内而"对举。按照作者前文引用"中行评博"时所加的引注，则应表示为"外而推（官）知（县）"。（译者注）

六部迁转及台省举动，皆得与闻。天如虽以庶常在籍，骏骏负公辅之望云。

可见张溥俨然已是无位之宰相了。而经过我们的这一番考察，便可知道，张溥其人能够影响朝中大臣的任命，本来就不是什么不可思议之事。

五 绝望的时代

若是单单考察复社和其他种种文社的活动，很可能会有一种他们身处升平年代的错觉。诚然，复社的根据地江南地区在当时或许算得上歌舞升平，不过一旦我们将目光投向北方的首都北京及其周边一带，便不难发现，战祸蔓延于各省，而朝廷业已陷入重大危机。所谓升平，不过是绝望的一种表象罢了。

在崇祯朝之前的天启一朝，暗愚的天子熹宗所信任的宦官魏忠贤掌握了朝政，对东林党诸名士施以了严酷的弹压，可谓是一个阴惨的时代，然而不可思议的是，在当时人看来，那并不是一个绝望的时代。而等到颇具明君素质的崇祯帝即位，将魏忠贤一党剪除流放，令人有中兴之感的随后不久，异样的感觉却渐渐浮现了出来。具体来说，自崇祯二年（1629 年）己巳之岁以后，绝望的时代终于来临了。

这一年，清太宗翻越万里长城，深入内地，直接包围了北京，虽然最后无功而返，然而这一事件却是之后所有绝望的开端。为了说明这一点，我们必须从前线督师袁崇焕和崇祯帝的关系说起。

袁崇焕（1584—1630 年）本来并非武将，而是万历四十七年（1619 年）及第的进士。曾于天启末年（1627 年）固守山海关前线的宁远城，击退了入侵的清兵，从而立下大功。不过，当崇祯帝即位后，袁崇焕屡次在朝政人事上的失宜举动，却最终产生了关乎明王朝存亡的影响。他所犯下的第一个错误，便是擅杀当时据守位于渤海湾口皮岛的毛文龙。当时，毛文龙的势力固然极速扩张，令上级无法控制。然而袁崇焕杀死毛文龙所引起的直接后果，便是数年之后，移守山东半岛的毛文龙旧部孔有德的叛乱，而他在扫荡了登州一带之后，马上归降了清朝，同时又将手中的无数大炮、火药交给了后者。

而听闻毛文龙被杀之后，清太宗迅速发动了对明朝山海关前线的总攻，又亲率一军绕远道长驱直入，包围了北京。崇祯帝大惊之下，下诏天下，召集勤王部队，而袁崇焕亦亲率部队前往京城，并以此获得了崇祯帝的嘉奖。可是当袁崇焕前来勤王之际，缺少统帅的山海关前线立即土崩瓦解，遵化、三屯等要塞陷落，将领多有战死。北京城内亦多将袁的行为视为放弃前线固守之任务，前往京城邀功，其人望亦急速下滑。彼都之人，甚至发出了清兵之所以兵临城下，是因为袁崇焕暗中配合的非难。

事实上，袁崇焕也的确曾领天子之密旨，开始和清朝商议媾和。是以朝士之间，多有袁故意引清兵入京以胁迫朝廷，或者不可与夷狄和谈的风评。而当时的另一件事更加加深了这种疑虑，那便是入京勤王的另一位大将满桂在城外与清军激战之际，城头守军放炮射箭，竟多将满桂的部队误伤，满桂全身带着多处箭伤回城，检验之下，发现其身上的箭头中有属于袁崇焕部队者。就此，崇祯帝终于开始怀疑袁崇焕的本心，将之免职投狱。而据传闻，亦有清太宗利用作为使者前往清营的明朝宦官实行反间计，诬陷袁崇焕为清军内应的说法。总之，虽说清军屡次兵临城下，人心惶惶，崇祯帝却还是在崇祯三年，以图谋叛逆之罪，在市集之中将袁崇焕处以磔刑。其妻子亦连坐，流放三千里之外——不过袁似乎没有男性后嗣。籍没其财产之际，发现其家中除一石米之外无余物，于是，据《明史》所载，“天下冤之”。

受到此事的冲击，袁崇焕旧部祖大寿率军逃归锦州，随即投降清朝。其时，城内大小火炮三千五百多门，尽为清军所有。

可以看到，崇祯二年己巳之变，实不仅仅止于清太宗攻击北京城之举，而是包括了其攻击所引起的明朝内部的一系列分裂活动，令人着实痛心。究其原因，恐怕袁崇焕和崇祯帝各自都要担负一半的责任。

《崇祯实录》卷四崇祯四年五月癸未条载吴执御上疏，中有“前年遵（化）、永（州）之变，袁崇焕、王元雅等，皆以数百万金钱，狼狈失守”之语，可见莫大的军需损失是需要由袁崇焕来负责的。而袁崇焕擅杀毛文龙所招致的损失，在上文也已述及。当时之人对于袁崇焕的评价，无论是在朝士或是都民之间，都绝对算不上白璧无瑕。只不过他那悲剧性的结局和清廉的品性，令他在后世获得了压倒性的同情。可以说，袁崇焕是清官，然而他却并非是名臣。古来所谓清官较浊官为害更甚的谚语，似乎也在他身上得到了应验。

当然，袁崇焕擅杀皮岛毛文龙之举，实际上并没有直接引发毛之旧部孔有德后来的叛乱及投降清朝。毛文龙死后，孔有德等人一开始被安置于山东登州，与其他官兵混编无事，一直到了祖大寿等人降清之后，才据登州而谋叛，发起暴动，又因为攻占莱州的失败，这才带着数百艘载有大炮和其他掠夺物的大船，于旅顺口投降了清军。可以说，没有袁崇焕的被处死，便没有祖大寿的逃归，而孔有德等人，想来也会就此安然无事地留在明军之中吧。

所以，十九岁即位的崇祯帝尽管有着黜退魏忠贤、诛杀阉党的决断，但将这种决断同样运用在袁崇焕身上，非但有欠老成持重，更兼暴露了这位天子的“歇斯底里”之性格。

《崇祯实录》卷十五崇祯十五年四月戊子条载给事中倪仁祯上奏中引谢升之语曰：“皇上惟自用聪明察察为务，天下俱坏”，正是切中肯綮的评价。而天子的这种失败，在一定程度上亦是因为辅政大臣温体仁的失败。同书下文六月戊辰条载吴履中之奏曰："临御之初，天下犹未大坏也。特用温体仁，托严正之义，行娼嫉之私。使朝廷不得任人以治事，酿成祸源。"

事实上，相似的内容，在刘宗周从地方上上奏之时便已说过了。同书卷九崇祯九年（1636年）十月壬申条载刘奏：

> 自己巳以来，无日不绸缪未雨。而天下祸乱，一至于此。往者，袁崇焕误国，其他不过为法受过耳。小人竞起而修门户之怨，举朝士之异己者概坐焕党，次第置之重典，或削籍去。自此，小人进而君子退，中官用事而外廷浸疏，朝政日隳，边政日坏。今日之祸，实己巳酿成之也。

而这位刘宗周在之后的崇祯十五年被召至中央，担任吏部左侍郎，《明儒学案》卷六十二他的略传中，记载了天子向他亲口提出的问题：国家败坏已极，如何整顿？

以上这几则材料，令我们可以想见己巳以来，朝廷上下所弥漫着的对国事之绝望和无力。

而以这种绝望为背景的政治和社会，又有哪些具体表现呢？我们首先想到的，果然还是财政上的困难。崇祯帝自即位之初，便已深陷入不敷出、濒临破产的危机之中。《崇祯实录》卷一崇祯元年六月丁未条载户部右给事中黄承昊之言曰：

> 祖宗朝，边饷止四十九万。神祖时，至二百八十五万

（两）。先帝（天启）时，至三百五十三万。（其他京支杂项，万历间，岁放不过三十四万。）迩来又加六十八万。今出数共五百馀万，岁入不过三百万。即登其数，已为不足。况外有节欠，实计岁入，仅二百万耳。[1]

这着实是令人惊讶的数据。在这种状态下，能够将朝廷继续维持十几年之久，想来也是有些不可思议的吧。

在此，我们又不得不追究一个问题：如此大宗的财政支出，最后究竟进入了哪些人的口袋？表面上看，财政支出的大半是用来支付军队饷银的，然而实际上，当时的一般军人却十分困苦，其粮饷和军需用品经常被拖欠。既然按财政计划来讲，本应有巨额现金投入到军需等事务上，如此看来，在物资购买和发放上，就一定存在着不公正的问题。另一方面，也必定存在着某些因军需行业之景气而得利之人。而这种人，即当时各种物资的生产者和拥有者——大地主和大商人，说穿了其实亦都是属于我们所讨论的乡绅阶层的。他们所如此这般掠夺大量现银，更使他们变得自信和傲慢。而张溥，也正属于这样的阶层。

反观当时真正的官僚，却并不能如乡绅阶级一般富有，

①关于记载明末政府的收支问题黄承昊上疏，《明史纪事本末》卷七十二“崇祯治乱”条所录精确到了万以下的具体数字，更为详尽。此处为了方便，故选用了《崇祯实录》的版本，略去万以下的数字。不过引用时，又据《纪事本末》的版本，在括号中补了“其他京支杂项”一句《实录》所无的项目。

这或许是为了兼顾他们的名誉和职位，亦未可知。当然，官僚同样可以运用权力直接换来金钱。明代官僚的正规俸禄非常之低，这也正是他们堕落的直接原因。崇祯帝即位之初，曾试图重振纲纪，挽回这种风气，而在当时的官僚群体中，亦出现了使天子可以托付一丝信任之人。《明史纪事本末》卷七十二“崇祯治乱”条载崇祯元年户科给事中韩一量上言曰：

> 皇上召对平台，有“文臣不爱钱”之语，然今之世，何处非用钱之地？何官非爱钱之人？（皇上亦知文官不得不爱钱乎？）向以钱进，安得不以钱偿？臣起县官，居言路，以官言之，则县官行贿之首，而给事为纳贿之魁。今言蠹民者，俱咎守令之不廉，然守令亦安得廉！俸薪几何？上司督取，不曰无碍官银，则曰未完纸赎。冲途过客，动有书仪。考满朝觐，不下三四千金。夫此金非从天降，非从地出，而欲守令之廉得乎？科道号为开市，臣两月来辞金五百。臣寡交犹然，余可推矣。乞大为惩创，逮其已甚者，使诸臣视钱为污，惧钱为祸，庶几不爱钱之风可睹也。[1]

这段堂堂正论，也博得了天子的嘉奖，将之拔擢为右佥都御史之位。而对于贪官的惩罚措施，在某种程度上亦曾实行

[1] 韩一良上疏又见《崇祯实录》卷一。在此段引文中，用括号注出了《实录》较《纪事本末》多出来的部分。

过。《崇祯实录》卷二崇祯二年九月辛亥条载顺天府尹刘宗周上言曰："顷者，严赃吏之诛，自执政以下坐重典者十余人，可谓得救时之权。然贪风不尽息也。贪风之不息，由于导之者未尽善也。"明言当时的法条虽苛酷，却并没有什么效力。

另外，《明儒学案》卷六十二《刘宗周传》曾记他为顺天府尹之时："京师戒严，上疑廷臣谋国不忠，稍稍亲向奄人。"这种现象亦值得注意。此年正是上文所说清军入侵之时，而据闻崇祯帝将前来勤王的袁崇焕投入监狱，正是为宦官所误的。当然，比起廷臣来，崇祯帝之更为信任宦官这一事实，也是事出有因的。《崇祯实录》卷九崇祯九年八月庚辰条曰："以张元佐为兵部右侍郎，镇守昌平。时太监提督天寿山者皆即日往。上语阁臣曰：'内臣即日行道，而侍郎三日未出，何怪朕用内臣耶。'"《实录》中并未记载阁臣对天子之语的答复。不过我们却从中得知：曾以铲除魏忠贤之阉党而著称的崇祯帝，最终却还是更为信赖宦官。

六　政治旋涡中的复社

通过以上对于各种形势的分析和考察，我们对不过一介乡绅的张溥能够决定朝中大臣之进退的事实，或许也不会太惊讶了。不过关于其政治活动中的某些关键部分，尚处在不明朗的状态中。

而复社既然可以运用情报网刺探秘密，打击对手，那么其对手亦可以运用同样的战术来对抗复社。自崇祯三年（1630 年）开始，大学士、湖州府乌程县出身的温体仁便和复社派大臣展开了政治斗争。而到了崇祯七年，温体仁也终于有了得以镇压复社的机会。《复社纪略》卷二载：“两张既与乌程有隙，乌程深虑溥虽在籍，能遥执朝政，乃令心腹往官吴地，伺其隙而中之……因选御史路振飞为苏松巡按，使图之。”这位路振飞赴任之后，便开始调查苏松附近乡绅豪族在乡曲纵行武断的实际情况。而之前我们提到的周之夔，则趁此机会将《复社或问》中的一节公开于世，陆文声亦得以上疏弹劾张采。

当时的中央政府，正逢温体仁之心腹蔡弈深用事，便决定就复社专横乡里一事展开调查，而委派南直隶学政倪元珙负责此事。然而倪元珙本是复社的同情者，向来称道张溥之笃学，便随便向上级列举了复社中几个无名小卒的名字搪塞了过去。也正因为这种蒙混过关的态度，倪元珙事后遭到了左迁的处分。而蔡弈深更唆使陆文声等人对复社进行第二波攻击，同时，复社亦在努力策划对温体仁的弹劾。

对于复社来说，无比幸运的是，前后八年执掌朝政的温体仁终于因为身体原因，于崇祯十年（1637 年）六月宣告引退。不过继任他成为首辅大学士的却是其心腹薛国观。复社与温党的斗争也就此更加激烈了。而对复社来说更为幸运的是，不久之后的崇祯十三年（1640 年），薛国观就因为触怒了外戚和宦官被罢免，继而因有收受贿赂之嫌下狱。当然，这样的结果或许是出于复社的谋划——至少薛国观及其党羽蔡弈深是深信自己之所以下狱，完全是出自张溥等人之罗织的，蔡甚至还在狱中上书，试图向天子证明这一点。

在薛国观之后，周延儒于崇祯十四年（1641 年）被召回朝廷，担任首辅。周延儒是张溥会试时的主考，在当时的观念中，二人这种座师和门生的关系是完全属于一个利益共同体的。而周延儒也与之前的温体仁属于完全不同的政治派系，马上成为了复社的后援。

关于周延儒再次入阁的始末过程，比较详细的记载便是《崇祯实录》卷十四崇祯十四年九月甲申条：

> 先是，丹阳监生盛顺及虞城侯氏共敛金得十万缗，纳贿太监曹化淳、王裕民、王之心等，营求复用延儒。令少俟之。逾年，工部主事吴昌时家最富，出私帑如前数，使进士周仲琏伏行抵故大学士冯铨家，潜通内，果得召用。昌时之力居多，延孺深德之。

吴昌时和张溥同为周延儒门生，且亦是复社中人。曹化淳等则是当时深受崇祯帝信赖的宦官。关于此事，蒋平阶《东林始末》中的记载与上引《实录》基本相同，唯将“盛顺”之名误写作“贺顺”。乍看之下，张溥似乎与此事关系不大。

根据吴伟业的《复社纪事》，周延儒复职一事，非但与张溥无关，就连吴昌时也并未参与其中。不过吴伟业到底承认了吴昌时在当时频繁为复社出谋划策，曾修书一封怂恿张溥，谋划新首辅一事，“惟丹阳盛顺伯可与谋”，而当盛顺当面向张溥质询是否能够帮忙谋划之时，张溥却“嘿不应”。然后，吴昌时等人方才出于己意，向宦官行贿，不过最终还是“不得要领”，等到天子亲自下诏，方才将周延儒再次送上首辅之位。最后，吴伟业总结道：“召出自上意，初非有他也。而来之（吴昌时）自谓谋已行，视世事弥不足为。”然而，这段记载却着实引起了我们的怀疑。如果此事真的与张溥毫无关系，那就没有必要要让盛顺特地去找张溥商谈了，而如果吴昌时的计划果真最终失败，那么吴伟业又为何要将这件事的原委记录于此呢？吴伟业既是张溥的门人，述及此事时也定有出于为尊者讳的原则，有回护曲笔之处。简单说来，他在笔记中所极力否认的事情，其实便是事实。

在《明史》卷二八八《张溥传》中，亦曾有“其（周延儒）获再相，溥有力焉”这样的记载，而在《资治通鉴纲目三编》卷二十崇祯十四年九月条更有明文曰：“溥乃属吏部郎中吴昌时，为交关近侍。会帝思用旧臣，遂起召延儒等。”恐怕这条记载才是近乎真相的。这位周延儒曾于崇祯二年至六年六月期间担任首辅，而后则因为次辅温体仁的奸计被罢免。因其长期担任宰相的经历，就算是没有人为之奔走陈情而复位，也丝毫不奇怪。当然，有了强力后援的话，这桩事情也就更为容易办到了。而作为门生，为座师的官位奔走本就是官场的常识。如果在吴昌时费尽心机之际，张溥只是冷眼旁观，那才反而是更为奇怪之事吧。吴、张二人，理应多多少少参与了周延儒的拥立运动，只不过，他们的参与，究竟在何种程度上影响了这次拥立的最终结果，却不是身处今日的我们所能逆推得知的了。

而吴昌时花费十万缗向宦官行贿一事，也因为体现了当时社会的某种规律而显得颇为有趣。因军需用品的景气而收入大增的乡绅们，将一部分的收入作为贿赂送给当权者，用以满足自己的野心，而反过来讲，乡绅作为一种财源，对于当权者来说，也同样是不可或缺的存在，这也正确保了乡绅所拥有的地盘之稳固。另一方面，所谓"十万缗"，换算成银钱的话，以一缗千贯等于一两银子而论，其重量恐怕要接近四吨。如果用货车荷载，想来绝对会引起骚动。不过幸好，据朱祖文《北行日谱》，当时民间已经流行起"会票"这一类似现代汇票之物。使用会票的话，便可在夜深人静之际进行政治交易了。

还有，之所以向宦官纳贿，则是因宦官的影响力逐渐上升所致。而当时崇祯帝对朝中官僚大臣的不信任感也愈发加重，天子逐渐地被官僚们"孤立"了起来。《崇祯实录》卷十一崇祯十一年正月乙丑朔条乃谓："以任丘、清苑、涞水、迁安、大城、定兴、通州各官贪纵不法，命逮入，盖内诇得也。"所谓"内诇"，即天子直接派出的侦探，当然是由宦官充当的。而崇祯帝在新年伊始的此举，也是对各省抚案长久以来包庇贪官的一种抗议。

事实上，崇祯一朝，以渎职为名诛戮的官僚数不胜数，有时甚至不满足于单纯的死刑而是处以磔刑，从中亦可窥见那位人主的“歇斯底里”之性格。《崇祯实录》卷十二崇祯十二年（1939年）八月庚戌条载：

> 故庶吉士郑鄤磔于市。先是，中书舍人许曦讦奏郑鄤不孝渎伦，与温体仁疏合。令法司定罪拟辟，上命加等。鄤，武进人。初选庶吉士，即有直谏声。读书能文，故文震孟、黄道周皆与之游。当时（温体仁）欲借鄤倾震孟、道周，故谳驳逾重。而鄤居乡，多淫傲不法，遂罹惨祸。诣西市，尚大呼冤。廷臣皆畏怯，莫敢申救。

而温体仁最终也在与宦官曹化淳的斗争中败下阵来，以病乞归。之后继任的薛国观则如上文所述被黜退赐死。天子越是使用严刑峻法，便越是为官僚大臣所“孤立”，而这也正是他重新召回旧臣周延儒的一大原因。

周延儒担任宰相之后，对复社的追查自然不了了之。而就在这前后不久，复社的创立者张溥，却于崇祯十四年五月病故，按照文献上的说法，享年四十。

然而，崇祯帝对周延儒的信任却绝对说不上深厚。同时面对清兵进犯和日甚一日之内乱的朝廷渐渐病入膏肓。此时，周延儒的心腹吴昌时、周仲琏、幕客董廷献经营私利之事正好被曝之于众。天子亲临中左门，对吴昌时进行审讯，拷掠之下，竟将其胫骨打断。最终又将吴昌时弃市，赐周延儒自尽。时为崇祯十六年十二月，仅仅只是明亡前数月的事情。

那么，作为失去天子信任的官僚们之替代品的宦官们，又究竟享有天子的多少信赖呢？前文述及的虞城侯氏和吴昌时的行贿对象——宦官曹化淳恐怕颇得恩宠，而这恩宠的原因则是其向后宫进献美人。《崇祯实录》卷十五崇祯十五年七月丁丑条乃谓："太监曹化淳进江南歌姬数人，甚得嬖。"又，同卷同年九月戊子条："命采良家女充九嫔。"此事后来虽因官僚们的抗议而中辍，不过这条"采良家女"计划的发起者，应当就是曹化淳。而最终，当李自成迫近北京城之时，打开彰义门将其迎入城的，还是这位曹化淳。天子不得已而信任的宦官，最后还是背叛了天子。

关于宦官需对明亡所负的责任尚有一例。众所周知，明军在与清军作战中最重要的武器便是大炮，而负责制造大炮及其弹药的却是宦官。《明史》卷七十四《职官志》宦官条载"所谓二十四衙门"外有："安民厂，旧名王恭厂，各掌厂太监一员，贴厂、佥书无定员。掌造铳炮、火药之类。"其所在当位于安定门附近。然而这个火药厂曾屡次发生爆炸事故。据《崇祯实录》的记载，分别有：

（七年九月）庚申[1]，王恭厂火药灾，伤毙数千余人。

[1]"庚申"作者原文本引作"丁巳"，误。据《崇祯实录》卷七该条改原文。（译者注）

（卷七）

（十一年四月）戊戌，新厂灾，毙七百余人。（卷十一）

（同年）六月癸巳，安民厂灾，伤万余人，武库几空，发五千金赈恤。（卷十一）

（同年八月）丁酉，安定门火药局复灾。（卷十一）

（十二年六月）庚子，火药局灾。（卷十二）

如此连年发生事故，绝不能不对前线的战事产生一定影响。同书卷十七崇祯十七年（1644 年）二月戊子条正有："宁武关陷。寇（李自成）薄关传檄：'五日不下，且屠之。'总兵周遇吉悉力拒守，以大炮击杀贼万余人，会火药尽。"这样因为火药的不足而失败的事实，可以充当上文中那个推论的案例。

尽管我们不知道连续的火药爆炸事故的直接原因，然而掌管火药厂的宦官渎职怠慢，却已是不争的事实。火药制造既是极为机密之事，天子自然不会将之托付给本来应该负责此事的工部将作监，而是为了使之直接处于自己的监视之下，特别委任宦官来进行管理。当然，那么多事故的发生，也正说明宦官辜负了天子的期待。天子万不得已所信任的宦官，到头来还是辜负了天子。这也正是绝望的时代之所以为绝望的理由。

官僚不信任天子，天子也不信任官僚，官僚们更不信任彼此，这便是为何在朝廷命令禁止结党的情况下，还是出现了屡禁不绝的党争。《明史纪事本末》卷六十六之论赞引倪元璐之语曰："宵人正人，皆以不敢言党而党愈炽，党愈炽而国是不可问矣。"诚然，在绝望而没有信任的世界里，唯一通行的原则便是权力。而古往今来，党争的本质，从来都是权力斗争。

七　张溥其人

复社成立之初，曾以文社之名开展了许多文化活动，而其结局则又违反了当初的社约，对政治活动多有参与。或许会有人会反驳：他们不过是不得已参与了反对当权者的政治运动罢了。可事实上，随着反权力斗争的推进，其斗争的政治性色彩也会越来越浓。这一规律在复社的领袖张溥身上亦有所反映。现在谨根据《复社纪略》，介绍其中最具这方面特性的几桩轶事。

当张溥的门人吴伟业猎得会元之后，需要将其试卷刊刻发表——即所谓"刻稿"。一般来讲，这种情况由士子的房师作序即可。所谓"房师"，即二十多位考官中，批阅该份试卷，并将之推荐为优等的那位考官，而吴伟业的房师李明濬正是其父的亲交。然而张溥竟以吴伟业是自己门生之由，在吴会元的刻稿前提上了"天如先生鉴定"这样的字眼。感到自己被无视的李明濬大为恼怒，"欲削伟业门人籍"。吴伟业则惊恐万分，只好恳请同僚徐汧带着自己前往老师处认错，并将这件事推诿于当时的书肆，"执送五城惩示以解"。通过此事，可以看到张溥那种完全以门生为自己的私物，以为自己对之拥有一切权力的心态。而之后，张溥还曾命令为官未久的吴伟业去弹劾当时的权相温体仁，令吴伟业颇为困扰。[1]至于张溥与李明濬之间因刻稿而结下的矛盾，则在崇祯八年（1635年）的京察中全面爆发。

虽说张溥的父亲翊之不过以太学生的身份终老，然其叔辅之却进士及第，官至南京礼部尚书，也自然财力雄厚，而他又将家事委托给陈鹏、过崐两位仆人打理，并默许了他们的专横。这两个仆人本就蔑视翊之，再加上张溥身为婢出之子的身份，便经常无礼相待。以至于张溥曾啮血书“不报仇奴，非人子也”八字于壁。之后，张溥因庶吉士的身份乡居，权势日振，言二奴之事于四省理刑，并将之逮捕，“下之崇明县学”，又令知县颜魁登暗示狱卒，将二奴毙于狱中。[2]之所以将二奴系于遥远的崇明，具体理由无从得知，但以理度之，应当还是为了在不显眼之处，方便下手杀死他们吧。总而言之，当时乡绅阶级已经有了一种阶级上的自尊心，面对下层阶级时，大抵是不会以同类视之的。特别是对张溥来说，他对二奴的恨意，不仅来自二奴对其父子的蔑视，更是有感于当时豪奴借主人之权势横行无法的所谓“吴下薄俗”，而对奴仆的僭越深恶痛绝。

张溥对下层阶级的差别意识亦体现在他对胥吏的态度上。当与之属于同一派系的祁彪佳出任苏松巡抚之时，据《明史》

① 吴伟业刻稿事见《复社纪略》卷二。（译者注）

② 陈、过二奴事见《复社纪略》卷二。（译者注）

卷二七五其本传，曾“廉积猾四人杖杀之”。而据《复社纪略》卷二的记载，当时告发太仓“奸胥董寅卿”的，其实便是县内闲居的二张。又，崇祯九年，武举陈启新上疏言时弊，正好迎合了宰相温体仁的意见，故一举被拔擢为吏科给事中，着实令旁人侧目。而复社中人随即用尽手段调查陈启新的背景，终于得知其“少时亦尝从事”淮安县胥吏的工作，于是便援引明太祖关于胥吏不得应科举的遗训，以此为弹劾陈启新之资云云。[1]

从上述轶闻中，我们可以看到，张溥的世界观，即便放在今日亦丝毫没有违和之处。如果按照所谓历史人物的一切意识都必须符合其所处环境的观点来看，那么可以说，或者张溥所处的时代并非所谓封建时代，或者我们今日尚处在封建社会之中，亦未可知。至于那些学者如绘画一般拟构出的所谓“近代社会”，更不知何时能够降临。

张溥的思想也好行动也罢，都不能说是远离当时社会主流的，然而不容否定的是，其在历史上所占的地位却又是独特的。享年四十的他，在三十岁时方考中进士，作为当时社会意义上的“社会人”的时间仅有十年。即便从进士及第之前开始便致力学问，那也不过是二十年而已。可最终他所留下的著述，据记载竟已超过了三千卷之多。今天的我们固然已不能窥见其著述的全貌，不过以残存至今日的部分观之，或许比起“著作”来说，“编辑”抑或“删正”是更为恰当的描述，他的

[1] 陈启新一事见《复社纪略》卷三。（译者注）

这些作品严格来说算不上是学术研究。当然，我们同样也不能忽视这些作品在当时的影响。

在冠以张溥之名的出版物中，最值得我们注意便是其中所谓的《历代史论》一种。近时的坊刻，往往以张溥《资治通鉴纪事本末论正》（又名《历代史论》）十二卷、《宋史论》四卷、《元史论》一卷为中心，在其前加上高士奇的《左传史论》二卷，又在其后加上谷应泰《明史论》四卷合刻，再在卷首冠以光绪五年谭宗浚的序文。在此，我们无暇讨论这一整部著作，只能将其中最富张溥个人色彩的关于宋高宗的评论摘出，并予以介绍。

一般来讲，普遍的观点都以为北宋灭亡的主要原因在徽宗，而对宋高宗，历来的学者只是专责其杀害岳飞、与金人媾和一端，而又以为此事的大部分责任应由秦桧承担。然而张溥在《宋史论》卷二，论及北宋末年靖康之变的“金人入寇”以下诸条，却以为徽宗穷奢极欲三十余年，致使天怒人怨固然是事实，然而更为败德者其实还是其子宋高宗赵构——在此张溥特地直呼高宗之名，以追究其责任：

> 予读《宋史》，至绍兴十年，“观文殿大学士陇西李纲薨”，不禁废书而泣曰：王之不明，孰有如高宗构者乎！
>
> 彼赵构者，见逼金虏，如越如温，在明在杭，居海舟，泊港口，流离殆死，（《诗》曰）营营青蝇（谓谗言），不一悟也。唐德宗于陆贽，用之艰难之日，弃之无

事之时，后世讥其极愚。构于李纲尤甚焉。德宗犹念母，而赵构忍忘父也。[1]

构性无良，几同夷虏。金人所爱，构亦爱之。金人所雠，构亦雠之。既悦汪伯彦、黄潜善，则必相秦桧。既怒李纲、宗泽，则必杀岳飞。《诗·小雅·何人斯》云："有靦面目，视人罔极。"构则吾不知其（内心之）极也。[2]

史言徽宗失国，愚非晋惠，暴非孙皓，篡夺非曹丕、司马炎，独不幸而有子厄。一败于钦宗，而明皇（唐玄宗）绝西内之望。再败于高宗，而（晋）愍帝蹈平阳之辙。神龙（唐中宗）继父（唐高宗），则夫妇（指中宗皇后韦氏）义丧。建炎继兄（钦宗），则父子道亡。固可同类而并笑也。[3]

这些话几乎将宋高宗批得体无完肤，如此诽谤天子的文字，我在其他古人处，尚未得见。

当然，中国历史上的所谓史论，尽管议论的是历史，可大多关乎作论者当时的政治，以为一种感慨。那么，张溥对宋高宗的批评，又是在向我们倾诉何种对他所在时代的感慨呢？

张溥入京选为恩贡，正当崇祯元年，第二年即我们上文

---

① 以上两段见《宋史论》卷二"李纲辅政"条。（译者注）

② 见《宋史论》卷二"宗泽守汴"条。（译者注）

③ 见《宋史论》卷二"两河中原之陷"条。（译者注）

所谓的己巳之岁，清太宗包围北京之年。其时张溥虽大抵已经返乡，然而当他听闻昔游之地烽烟四起之时，恐怕是会有一些别样的感触吧。而他的高宗论，也必然是针对明清对立之时局而发的。他的外交理论，亦是彻头彻尾的激进主义。

我们可以试着还原张溥之论中的诸位影射对象。首先，就天子的立场来说，张溥论中的徽宗便是万历帝，钦宗则是熹宗天启帝，至于高宗，当然影射的是崇祯帝。宋徽宗和万历帝均享国甚久，而且对其所在朝代的纲纪颓废负有一定责任。钦宗和天启帝所处大环境虽不同，但二人的失败同样都可以被宽恕。钦宗在位日短，且时时处于太上皇徽宗的监视之下，实在算不上是能够独当一面的天子。天启帝则生来暗愚，又冲龄即位，在位时多为宦官魏忠贤所掌控，令人不忍责难。问题便在于同样是即兄长之皇位的宋高宗和崇祯帝。事实上，和宋高宗类似，崇祯一朝虽然表面上和清朝进行着死斗，但暗中却又不断地谋求与后者的和议。甚至袁崇焕之枉死，其实便是明朝想要和议的愿望反过来为清朝所利用，从而使之蒙上了“通敌”的污名。

不过，尽管在后世看来有些不可思议，在明清两国的交涉中，对和议更感兴趣的其实是清朝那一边。自崇祯元年至七年，清朝曾连年以“满洲国皇帝”的名义向大明皇帝投送国书，以促进两国的和议。相反，明朝一边却从未递送过正式国书，更在表面上禁止一些边将与清朝接触。对明朝来讲，和议最大的困难，便是根据“满洲国皇帝”的提议，明清两国需享有平等地位方能进行外交，事关体面，不得不争。而最后，当满洲国那边进一步妥协，表示愿意去除帝号重新称“汗”之时，明朝也总算暗中接受了和议的要求。遂于崇祯十五年（1642年），经崇祯帝与兵部尚书陈新甲的密议，决定派出使者前往沈阳进行和议，可是这个计划不幸被泄露给了外廷，因谏官的一片哗然，为了上文所说的某种体面，天子只得反过来将责任推卸给陈新甲，将之处死了事。[1]而因为此事闹得实在太大，就连大学士周延儒亦曾挺身力救陈新甲。

崇祯十五年，正是张溥死后的第二年，而周延儒、吴昌时亦在其后的翌年被诛，更越一年而明亡。如果去世时尚属中年的张溥得以稍延数岁之命，那他的命运又会如何呢？在和议一事上，他的攘夷思想自然不容有所改变。其实并非张溥一人，当时的全体官僚政客都有这种中华独尊的想法。然而若是询问他们对这场持续多年的战争有何想法的话，又有几人能够成算满满地回答呢？从这一点上来说，这群人都需要为王朝的覆灭负责。

---

① 关于陈新甲之死。《崇祯实录》卷十五崇祯十五年九月戊子条曰：“诛前兵部尚书陈新甲。初，周延儒入其贿，营解甚力。因奏：‘国法：大司马，兵不临城不斩。’上曰：‘他边疆即勿论。僇辱我亲藩七焉，不甚于薄城乎！’延儒语塞。既而刑部署事右侍郎徐石麒奏其酿寇私款，立奏上，竟弃市。”周延儒力救一事，他书亦往往载之。不过同书卷十六崇祯十六年十二月乙丑条，于周延儒被赐死一事之后，尚有“及再相，反温（体仁）所为。而嗜利无厌，往往鬻爵。时方得君，不顾外患。款局败，委罪陈新甲，没其厚赂，欺蔽明主，败坏国事，遂以亡天下”这样与前文相矛盾的记载。恐怕后一条记载别有所指，“以亡天下”云云，或许指的并非周延儒，而是崇祯帝本人。

以后世的分析而言，明王朝唯一的延命良策便是与清朝讲和以争取时间整肃内政，所谓“攘外必先安内”是也。如此为之，或许能够避免明朝那在灭亡后仍旧持续多年的内乱吧。然而，即便这破灭的结局已在千万人的预料之中，其中亦不会有一个人提出任何委曲求全之道以避免之，世论迂直，一至于斯，这也正是我们从张溥的史论中所观察到的现象。可以说，张溥其人，在明朝灭亡这场悲剧中，扮演了一个既普遍又重要的角色。

而张溥若能延命，又会如何面对之后那北京陷落、清军南下的困局呢？明末诸名士中，固然多有贯彻其平生之理念，以身殉国者。而更多的人则在这场天翻地覆的变局中选择了与时俱进，不为名誉地生存下来，令旁人齿冷视之。

其中，张溥所兄事的周介生，晚来进士及第，任庶吉士时正逢北京陷落，随即出仕李自成的朝廷，大节有亏，而当李自成失败之后，又南逃至福王的小朝廷，最终因政敌的谗言被处死。张溥的朋友张采之死亦绝非光荣。此人于福王之时从礼部主事晋升为礼部员外郎，乞假暂归，又正逢南都失守，“奸人素衔采者，群击之死，复用大锥乱刺之”，所幸张采随后苏醒，遂避往邻县，三年后去世。[1]而南京的福王政权中，执掌政权的阮大铖和马士英均是温体仁之党，亦可以想见复社成员在此朝廷中的不得志。而最终，双方也随着清军的南下玉石

[1] 见《明史·张采传》。（译者注）

俱焚。

接下来需要我们注意的，是张溥编著的《四书注疏大全合纂》。此书或许称得上是清代隆盛的考据学的一个源头。明初，永乐帝曾命人编纂过《四书大全》《五经大全》《性理大全》三书，以统一对儒教经典的不同解释。对于科举所需要的经学知识来说，掌握这三书便已足够。而既然如此，三书之前的各种古注疏，看似亦可以废去不观了。然而，到了弘治、正德年间，活跃于苏州艺术圈的祝允明（枝山，1460—1526 年）却频频发表提倡古学复兴的言论。在他的《怀星堂集》中，如此言论处处皆是。如卷十《学坏于宋论》：

> 祝子曰：凡学术尽变于宋，变辄坏之。经业自汉儒讫于唐，或师弟子授受，或朋友讲习，或闭户穷讨……宋人都掩废之。或用为己说，或稍援他人，皆当时党类。吾不如果无先人，一义一理乎[1]……我太祖皇帝洞烛千古，令学者治经用古注疏，参以后说，而士不从也。

此段中虽有我所不能读懂的地方，要之，宛然已是考证学者的口吻了。又，卷十一《贡举私议》中，论及科举中应考注疏时说："宜令学者兼习注疏，而宋儒之后为说附和者，不必专主为便。"又，卷十二《答张天赋秀才书》曰："故仆劝足

---

[1] 此处祝允明的原文为："吾不如果无先人一义一理乎。"有些读不太通，在此姑且将"先人"属上句。

下宜寻《十三经注疏》穷之，当自有得……若患岭外无此篇籍，幸力致之。”该篇下文尚有劝人读“宋元十九正史”之语。

而继承了祝允明这一遗志的，便是同为苏州人的张溥。他所编纂的《四书注疏大全合纂》三十七卷，因宋学以后诸说已见永乐各种大全，是以专收宋以前的各种古注疏以供阅读。这本颇为便利的书为吴门宝翰楼所刊行，题签有“张天如先生评订”的字样①。此书并无总序，只是在卷首的《大学》之首有一篇《大学注疏大全合纂序》，末署“崇祯九年正月日，后学娄东张溥序”，并摹刻有“西铭之印”“太史氏”两枚印章。张溥之所以特为《大学》作序，无非是为了说明其为何采用所谓“《大学》古本”的问题，至于其他三经，便无此必要了②。张溥此序始曰：“古本《大学》与石经文异，今注疏盖古本也。论者谓汉儒注本，不可诠易，其言近是。然朱子《章句》，尽更其旧，又以意补亡，不少逊让。即云其传得之河南程氏。”而序末更称：“今学者于补传，其不敢信，亦犹是也。近代训诂，《学》《庸》尤繁，其说类托，仿于朱子。抑知言之弥多，去之弥远。非《注疏大全》，莫能救也。余尤廪廪焉。”

事实上，张溥的这种思想并非发端于写序之时。据《复

---

① 关于张溥此书，可参照拙稿《四书考证学》(《东洋史研究》第四号，《全集》第十七卷所收)。

② 作者此说不确。今检上海图书馆藏崇祯刻本《四书注疏大全合纂》，除《大学》卷首有张溥序之外，其他《中庸》《论语》《孟子》三经卷首均分别存有张溥作于崇祯九年正月的三篇序文。或是作者所见之本后三序已脱去，俟考。(译者注)

社纪事》，其在崇祯元年，以恩贡入京之时，“纵观郊庙辟雍之盛”后，“喟然太息”道：

> 我国家以经义取天下士垂三百载，学者宜思有表章微言，润色鸿业。今公卿不通六艺，后进小生剽耳佣目，幸弋获于有司。无怪乎人持柄，而折枝舐痔，半出于诵法孔子之徒。无他，诗书之道亏，而廉耻之途塞也。

而相近的言论亦见于清代浙东学派之祖的黄宗羲之口：“明人讲学，袭语录之糟粕，不以《六经》为根柢，束书而从事于游谈。故问学者必先穷经，经术所以经世。”[1]其同张溥之语何等相似。又，梁启超《清代学术概论》更谓：“清代思潮果何物耶？简单言之，则对于宋明理学之一大反动，而以复古为其职志者也。”梁氏此语在此处实有摘录的必要。因为顾炎武、黄宗羲等人的主张既发端于张溥，而“复社”之名，更有复兴古学的意味。

张溥所编著的“注疏大全合纂”除了《四书》之外尚有《五经注疏大全合纂》，其中《诗经注疏大全合纂》三十四卷一种为《四库全书总目提要》卷十七著录为存目，而另外四种则已不知今尚存否。其他为《提要》所著录的张溥著作还有《春秋三书》三十二卷和《汉魏六朝一百三家集》一百十八

---

[1] 见《清史稿·儒林·黄宗羲传》。（译者注）

卷，此外他所删正的《历代名臣奏议》三百五十卷则系于原编者黄淮名下。而最后一种，则是张溥个人的《七录斋集》。

通观张溥编著之书籍，大多只是“剪刀加糨糊”的产物，说不上有什么学术价值。而他在文化事业上，与其说是一位作者，不如说是一位出版者。虽说他的编著中均贯彻着复兴古学的意图，不过出版这些书籍对他来讲亦是有利可图之事。而随着他出版的书籍销路渐广，他的名声也就越来越大。另外，他所掌握的复社情报网在出版宣传、书物配送上无疑也发挥了一定用途。

当时既然已经是情报至上的时代，对出版业来说，情报无疑也可以换得名声与金钱。而金钱之后又可以兑现权力，买取官位，驱使官府为自己的金钱而奔走，从而获得更大的权力和更高的声名。

恐怕张溥所享有的巨大声名便是如此这般得来的吧。然而，这种声名却并没有维持很久。当世风渐变，清朝学者开始审查张溥的业绩之后，他们意外地发现：张溥的学问竟是这般贫弱。《四库全书总目提要》的编者均为考据学中翘楚，不过他们对张溥这位考据学的先觉者的学问，却丝毫没有阿谀同情之处：

> 【《历代史论》】议论凡近，而笔力尤弱，殊为不称其名。[1]
>
> 【《诗经注疏大全合纂》】溥是书杂取注疏及《大全》

---

[1] 此条乃作者引自《四库提要》卷九十史评类存目所收《历代史论二编》之提要，《提要》下文曰：“题曰‘二编’，盖尚有前编，今未之见。”（译者注）

合纂成书，差愈於科举之士株守残匮者。然亦钞撮之学，无所考证也。

【《春秋三书》】至于经学，原非所擅长。此书为未成之本，亦别无奥义。①

【《汉魏六朝一百三家集》】溥以张氏（燮）书为根底而取冯氏（惟讷）、梅氏（鼎祚）书中其人著作稍多者，排比而附益之，以成是集。卷帙既繁，不免务得贪多，失於限断，编录亦往往无法，考证亦往往未明……溥与张采倡复社，声气蔓衍，几遍天下。然不甚争学派，亦不甚争文柄，故著作皆不甚多。溥所撰述，惟删定《名臣奏议》及此编为巨帙。《名臣奏议》去取未能尽允。此编则元元本本，足资检核。溥之遗书，固应以此为最矣。②

似乎在馆臣看来，张溥的编著中，唯有《一百三家集》够得上及格。不过正如《提要》所说，此书“因人成事”③，是对张燮原编的《七十二家集》三百四十七卷进行的重编，增其人而减其卷所得的，实在显得价值不高。对于资料来说，随意删节一定会导致网罗不尽。当然，我们在此处不拟讨论删节在文章学上的价值。而身处今日的我们既然有了严可均的《全上

① 见《四库提要》卷三十春秋类存目。（译者注）

② 见《四库提要》卷一八九总集类。（译者注）

③“因人成事”为《四库提要》著录《一百三家集》中语，在上面这段中为作者所省略。（译者注）

古三代秦汉三国六朝文》可供参阅，那么张溥的《一百三家集》也就显得全无用处了。

要而言之，对后世而言，张溥的编著中丝毫没有不可替代之物。如果说他只是一介学者，抑或一介文人，那么这无疑是非常可耻的。然而，这并不意味着他的身上没有一点可取之处，在历史长河上同样亦不能忽视其存在。在政治史上，脱离了张溥来谈论明末无疑会造成巨大的漏洞。论及考证学的源头，在明代祝枝山之后，也必须提到张溥。如果没有张溥的先行试错，很难说清代考证学究竟会不会在清初就已经以一种早熟的方式成为潮流。我们似乎很难以传统的固定概念来衡量张溥其人。其实，他在本质上最为接近的身份是今天的新闻记者。我在上文中曾经提及：明末已经是一个情报社会了，而在这情报社会中，最初作为记者登场的，便是张溥其人。所谓“对客挥毫，俄顷立就”者，抑或正是某种与新闻稿类似之物。想来这类文章若是流传至今，又能被编成文集的话，读来应该是十分有趣的——当然，这样的文章无疑与当时对文章家的要求相去甚远。这类文章并非流传后世之文，而只是为了解决切实的现世目的所作的事务性之文。张溥从事的虽是反权力运动，可他自己的权力欲却比谁都强，而如果说他是一介记者的话，那这种情况便能够非常自然地理解了吧。身为里居之人的一介庶吉士而能遥控朝政，与现时的新闻记者被称为无冕的宰相这一点相对照亦非常有趣。所以说，他并非是无法将著作流传后世，只是不需要罢了。在这点上，我想，他是绝不会后悔的。

论述张溥的生涯，实际上是我长年以来的一桩“悬案”。在很久以前，我便以为他的存在对解明明末政局具有非常重要的意义。不过因为我的懒惰，时至今日，尚未能读完他的全部著述。一般来讲，书写文化人物的传记，首要任务便是读其全集。若是不能全部精读，写传记时的心情恐怕是不能平静的吧。不过，当此次《东洋史研究》编辑委员前来为其乡绅特刊号约稿之时，我却觉得，若是不赶在这一期上发表，恐怕以后也不会再有这样的机会了，于是明知学力不足，还是写就了此文。正是因为如此，当我对张溥进行考察之时，并未能全面排查他的全部作品。况且张溥的文章尽是应酬之作，除此之外则大多如后代的《李鸿章全集》那般充斥着事务性的文字，远没有《曾国藩全集》那般精彩。可以说，其文章可作为史料，但无关乎精神生活及学术思想。另外，随着对明末社会情势之检讨的深入，很多一开始觉得非常不自然的地方也渐渐变得能够理解了起来。这一点着实是我意料以外的收获。此文和普通的论文体裁有所差别，对此我深有自觉，也正是考虑到这一事实，方选用了这样的标题。[1]

①与拙稿论述相似话题的论文尚有小野和子的《关于明末结社的一个考察——以复社为中心》(《史林》第四十五卷第二、三号)等，使用这个标题也是为了避免与之在词句上的雷同。

石涛

卖画的先驱

一　经历大乱的艺术家

清初僧人石涛的画不受重视并非新鲜之事。事实上，其画作自古以来就没有受到过公正的评价。向来论及清朝绘画，便可用所谓“四王吴恽”[1]来概括，指的是以苏州为中心的正统派画家群体，而当传统价值观发生转换，以扬州为中心的新兴画风得到重视，其中心画家便是所谓的“扬州八怪”[2]了。追溯扬州八怪的源流，其实便是这位名为石涛的画僧。对该时期价值转换的研究，日本的汉学家青木正儿和南画画家桥本关

原题为“石涛小传”，小节标题为编者所加。（编者注）

① 即王时敏（字烟客，1592—1680年）、王鉴（字圆照，1598—1677年）、王翚（字石谷，1632—1717年）、王原祁（字麓台，1642—1715年）、吴历（字渔山，1632—1718年）、恽寿平（字南田，1633—1690年）。

② 即以扬州为中心活动的画家。包括金农、黄慎、李鱓、汪士慎、高翔、郑燮、李方膺、罗聘八人。又有一些说法将华嵒、高凤翰等列入以取代上述八人中的某二人。而扬州八怪的活动时间则为十八世纪。

雪颇得先鞭[①]，而后这种关注也渐渐倒传至中国，则是与中国当时的社会情势，即思想革命、文学革命、五四运动等一系列打破旧弊恶习，建设新文化、新社会的思想潮流有关了。

石涛本名朱若极，作为皇室的一支疏族，生于崇祯年间，明亡之后，他曾于清初的康熙年间作为一介画僧而颇为活跃。“石涛”本是其字，又有别号清湘道人、大涤子、苦瓜和尚、瞎尊者等，其法号则有道济、弘济等。今存其画迹数百幅、题跋数百首。关于其生卒之具体年份，至今尚无定论。可能够确定的是，其生前书画之声名并不甚高，其交游颇为有限，与名士的应酬亦极少。关于他的传记，则大多写于其身故后很久的年代，不免缺乏史料价值。

而近年以来，人们对石涛的评价忽然急速上升，其画迹题签亦多有人作伪。其中甚至混有研究石涛多年的专家自行伪造而横陈于世者，如此咄咄怪事，无疑使我们的考察陷入了一种更深的迷惘中。此外，对我们来说还有另外一个不利因素，那便是和石涛差不多同一时期，尚有另一位石涛和尚，后者其时与文人交游甚广。面对这么多或善意或恶意的错综复杂的条件，勾勒石涛其人的轮廓绝非易事。

明末清初的大动乱曾令全中国的人民深陷战火与饥饿的深渊之中。而在这种特为不利的境遇中，背负着某种重荷生

---

① 青木正儿《石涛之画及其画论等》，载《支那学》第一卷第八号，大正十年，后又收录于其《中国文艺论薮》一书。桥本关雪《石涛》，大正十五年。

活，又被身为画家的信念感召，忍受着这种不利而在艺术上开创新的道路，其过程必然伴随着肉体上的辛苦与预期之外的精神上的苦闷。盖古往今来的所有先驱者，大抵都是免不了走上这条烦恼之路的吧。对于石涛，前辈学者已尝试过多种研究方法。而我在此，则试图将之作为一位先驱者，去分析他内在的苦闷及其艺术历程。

为我的研究指明方向的，首先是石涛作为明宗室一员较一般人背负着更多苦难这一点；其次则是石涛与当时的传统画坛相对抗，坚持自己的信念以进行艺术活动时，所不可避免地与外界发生的摩擦；第三则是在树立“艺术家”这种新的生活模式的过程中，面对外部的批判，在其内心所进行的反省和苦恼。我的论述也都将围绕这三个方面进行。

二　无用的皇室身世

石涛身为明朝宗室，明代的灭亡，并不仅仅意味着他丧失了原来的特权，沦为一介庶民，更需要注意的是新统治者满洲人的异民族身份。是以石涛之于清朝，不但有着亡国之恨，更有对异民族尊王攘夷式的同仇敌忾之心。而且石涛个人的状况，比起上面所论述的要更为复杂，不能简单地一笔带过。

有明之亡，借由清朝一边的口吻来说，并不是清军所致，而是流贼李自成的罪孽。清军所做的，不过是为明朝最后一位天子崇祯帝报仇，进而讨伐李自成罢了。因此，清朝的天下并非夺自明朝，而是夺自流贼之手。

而石涛的情况之所以更为复杂，则是因为他并非明太祖的后嗣，而是出自旁系。明太祖有同母兄弟兴隆，兴隆有子文正，而文正之子守谦则被赐予广西省桂林的土地，封为靖江王，世袭罔替。守谦之嗣子赞仪以降，遵从明太祖对宗室的命名方法，即同一世代之子嗣名字的第一个字之排列，乃是取自明太祖所作的一首具有教戒意味的五言诗[1]：

> 赞佐相规约，
> 经邦任履亨。
> 若依纯一行，
> 远得袭芳名。

如靖江王一族中，与第二代赞仪同辈者均名“赞某”，而石涛本名朱若极的“若”字，则属于这首诗的第十一个字，即朱赞仪的十世孙。事实上现存的石涛钤印中，正有一方印文为“赞之十世孙阿长”的，其中的“阿长”是石涛的小名。

最后一任靖江王朱亨嘉，正是石涛的亲父。亨嘉的非自然死亡，却不是清军所为，而是出于明朝宗室间的一场内讧。

崇祯十七年（1644 年），北京城为李自成占领，天子自

[1] 靖江王一系的传承见《明史》卷一〇二《诸王世表三》、卷一一八《诸王传三》。以下的命名诗则见于卷一〇〇《诸王世表一》序中注文。

杀，清朝随即发兵入关，很快取得了中国北部。同时在南京，万历帝之孙福王[1]亦被拥立为天子。然而，南京小朝廷又因为超越前代的党争而缺乏一致对外的态度，根本敌不过百战百胜的八旗兵，福王也在成为天子整整一年之后，随着南京的陷落被清军俘虏。福王本身既为帝室近亲，其践帝位，地方官民自然绝无异议。不过当福王政权倒台，各地纷纷拥立宗室为帝时，所拥立的便大多只是朱氏的疏族了。

所立诸王中，最具人望的当属明太祖之子定王之后的唐王朱聿键，其与明王室的本家也已有十余代之隔。唐王自南京逃入福建，先自称监国——所谓“监国”，即摄政而等待真正的天子即位之意，当然也并不排除自己将来登极的可能。同时，明太祖的另一位子孙鲁王[2]亦在浙江省自立为监国，随后在郑成功的庇护下逃往台湾。至于石涛之父亨嘉，亦是南京失守后自立为监国的其中一人。然而，唐王和鲁王即使是疏族，仍堪称太祖之后裔，这位靖江王亨嘉则只不过是太祖之兄的子孙，无疑是疏族中的疏族。

有鉴于各地的明宗室纷纷自立之局势，唐王很快便在福州即帝位，改元隆武。之前曾被南京福王政权派往广西担任巡抚的瞿式耜在赴任途中，收到已在福建登极的唐王之命，令他前往福建参加其所立政权，然而瞿式耜随即出于个人理由表示

---

① 此福王指的是“老”福王朱常洵（1586—1641 年）之子朱由崧（1607—1646 年）。（编者注）

② 指朱以海（1609 或 1618—1662 年）。（编者注）

拒绝。其理由是：以宗室族谱而论，唐王是崇祯帝和福王祖父一辈的亲戚。而在中国古代的继承法中，规定只有辈分低者方能继承辈分高者，实在不得已，才允许同辈之间的继承情况，是以由辈分高者继承辈分低者，无疑是一种禁忌。

然而，当瞿式耜再次拒绝来自靖江王亨嘉的邀请之后，亨嘉却将之逮捕幽禁。不得已之下，瞿式耜只得暗中向唐王特使宣誓效忠，并寻求唐王之救助。亨嘉这种旁系中的旁系，在皇位继承中本来毫无地位，因此权衡之下，瞿式耜宁可选择忽视辈分问题，拥立太祖的子孙唐王。唐王大喜之下，立即命令总督丁魁楚前往攻击亨嘉，处于穷途的亨嘉也只能释放瞿式耜，谋求和解。然而瞿式耜却马上命令手下诸将逮捕亨嘉并杀之[1]。这位靖江王亨嘉身为旁支而自立，想来也是一种谋叛的行为吧。亨嘉既已被定罪为谋叛，那么大兵对其一族族人自然也不会手下留情。石涛乃是经由宦官之手被隐匿在民间，最终得以脱难的传闻，大抵也是可靠的。不过迫害了靖江王一家的唐王，最后也在清军的追剿下于广东省就擒，瞿式耜亦战死。[2]

此事还涉及到石涛的生年问题。也就是，他失去那位悲

① 关于此事，《明史》卷二八〇《瞿式耜传》只是记载了他与唐王军队“共执亨嘉”。不过《诸王传三》中却记载了亨嘉“为瞿式耜所诛”，而《诸王世表三》中更有瞿式耜在亨嘉被杀之后向唐王奏捷的字样。于是，我在正文中采用了后面两种说法，至于前一种以为亨嘉乃为瞿式耜执送福州之后被唐王所杀的说法，怎么看都不是很自然，应当是正史对忠臣瞿式耜的一种回护。

② 作者此说不确。据《明史·瞿式耜传》，瞿式耜在唐王政权失败后又拥立了另一明宗室桂王，最终在清军追剿桂王政权时被擒处死。（译者注）

剧性的父亲之时，究竟多大的问题。事实上，石涛的生年向来有好几种说法，其中最先为崇祯三年（1630年），最迟为崇祯十四年（1641年）。即便是以其书画题跋中提到的年月干支推算，也不能得到决定性的证据，无法平息异说。到头来，不过是学者们各自强调其所持的证据并以之作为一种推论罢了。

将其生年系于较早的崇祯三年的学者，其重要证据之一便是石涛与钱谦益的关系。钱谦益身为明末以来政界、学界的大人物，又是东林残党，在明亡后出仕清廷。而他在顺治八年辛卯（1651年），曾持友人的介绍信于庐山拜访“石涛上人”，分别时又赠以十四首诗，并托石涛将之传送给友人阅览。[1]当时的钱谦益年已六十九，属于在故乡苏州府治下常熟隐居的身份。若石涛生于崇祯十四年，则当时年仅十一岁。钱谦益这样的大家，自然是不会尊称如此小僧为“上人”，并赠诗而自称“弟钱谦益谨上”的。而若石涛生于崇祯三年，则其时已二十二岁，钱谦益的措辞也就显得较为合理了。

然而，即便是二十二岁的石涛，与六十九岁的钱谦益诗中措辞相比，仍然并不相合。是以之前的通行观点都认为这位“石涛上人”与画家石涛并非一人，尽管这种推测本身并没有什么证据，但还是为中国的学界所通用。不过最近，此另一石涛的身份终于得到学者确认。其间自是免不了涉猎浩瀚的书籍

①钱谦益《牧斋有学集》卷四《石涛上人自庐山致萧伯玉书于其归也漫书十四绝句送之》，其诗末有附记曰：“辛卯三月，蒙叟弟钱谦益谨上。”

和史料，我在此不得不感叹，中国学果然还是中国学者的专长。[1]

钱谦益所遇到的石涛上人，其实是庐山开先寺的住持，所谓“石涛弘铠”者，是雪峤圆信的弟子，而后又传承了其同门曹源弘金之法席，与画僧石涛之师承全然相异。[2]而在学界这一新发现中最令我震惊的，便是其中所引《庐山续志》和《同治南康府志》二书。这两种古籍并不罕见，且向来是研究庐山的必读书。然而此前的学者，大多先入为主地以为画僧石涛在年轻时停留于庐山，不过是一种造访而非久住，于是便忽略了庐山本地的史料。由于自身的懈怠，只是依靠前人搜集的史料翻来覆去地诠释向来都是学界的通病，而这个发现，也适足成为一个应当为我们所铭记的教训。

既然否定了石涛生于崇祯初年之说，那崇祯末年——或者说崇祯十四年作为其生年应当是合适的吧。一般来讲，在艺术家的生年问题上，十年的差距并不甚巨。然而对于石涛来讲，这十年却所关极大。如果石涛生于崇祯三年，那么其父悲剧性地被杀之时，他已是个十六岁的少年。作为明宗室的一员，也已享受过好几年的优雅生活。而若是生于崇祯十四年的话，其父亡时尚年方五岁的石涛在此前后数年之间，不过是一个不明物心的孩童，在不知不觉间便已经此世变，不得不在这

① 叶叶、萧士玮《闵麟嗣赠石涛上人诗考》，载《大陆杂志》第五十卷第二期，1975年2月。

② 石涛的法系传承是：木陈道忞—旅庵本月—（石涛）道济。

个清朝新霸权的逐渐建立过程中，作为一介孤儿开始自己的人生。这两种生年所造就的人生观之间着实有着很大的区别，就好像现在日本战前派和战后派之间那般。而就石涛之后的生活态度来看，他无疑是属于战后派，其对自己作为明王朝宗室一员的尊贵生活，完全没有任何记忆。

世人每每概念化地将石涛当作前明皇室的一员看待，又概念化地以为石涛对清廷有不共戴天之仇，也必抱持着强烈的攘夷思想。而这其实是不符合当时实情的。日本的大正、中国的民国以来，多将石涛当作民族主义者，以为其一生志业便在于反清复明云云。这诚然是一种美好的想象，只是与石涛本人没有任何关系罢了。

事实上，石涛对前明皇室以及清朝天子的态度并不能概念化地一切为二看待。他的父亲曾因举起反清复明的旗帜自立为帝而被视为本家的背叛者，惨遭屠戮。虽说有着内讧的大背景，可其下场也实在太过凄惨。而最终剿平这场内讧的，反而是清军。亦即是说，无论明朝对他来讲是什么，可以确定的是，都不值得赌上自己的一生去复兴它。无论取代明朝的清朝是好还是恶，亦同样不值得赌上自己的一生去颠覆它。强行规定石涛为明朝后裔的不过是世人，他自己却是丝毫没有对明代的记忆的。谁也不能按照别人的规定生活，拥有独立的人格和对个人尊严的自觉方才是真正的生活方式。

与石涛同时代的画家中，八大山人也是明宗室出身。其人本名朱耷，又名朱由桵，出自明太祖所封诸子中的宁王一系，离本家较石涛为近。而明亡之时，八大山人已经是二十岁的青年，对往昔上流社会的贵族生活应该颇有感触。因此，其人生观也就和石涛大为不同了。

八大山人的确是正宗的对清朝抱有抵抗情绪的画家。其“八大山人”的署名，也是为了用“八大”二字拼成一个“哭”字，寄托亡国之恨。他平素以癫狂避世韬晦，时常以“驴”自称，更有装作哑巴以避免与俗人应酬之时。他以画换酒，酒醉而哭，哭足而笑。而世人，也颇能从八大山人之举止动作中解读出其对此世的抵抗。

然而石涛却不能回应世人的这种期待。他对清朝并没有憎恨的理由。如果心底里的抵抗意识没有强到沸腾的程度的话，想来没有必要为了赢得世人的赞同而特为采取一种抵抗的姿态——反过来说，倒是采取了这种姿态才更为奇怪。

不过世人仍然能够为自己那观念化的期待来自圆其说。石涛在落款时曾使用过一枚印章，印曰：“于今为庶为清门。”出自杜甫关于当时的画家曹霸的诗句，而曹霸又是三国时魏武帝曹操的后裔，杜甫这句七言诗的意思不外乎是：虽说到了唐代，曹家沦为庶民，却仍然是保持着风雅传统的名门。

而石涛的心事也正可以用此句来概括。自己的祖先虽是明王室的分支，自己却不曾有身为宗室的个人记忆。因为没有记忆，十年前的王室便也和百年前的毫无区别。他自己也仅仅是被统治的大多数国民中的一介庶民。所幸因为教育程度的不同，其仍能够维持祖先那吟诗作画的名门传统。这便是“于今为庶为清门”了。

正是出于这种心态，石涛分别于康熙二十三年（1684 年）和二十八年（1689 年）两次谒见了南巡中的康熙帝，特别是在第二次谒见时，还献上了自己所画的《海晏河清图》，讴歌太平、赞颂帝德，对于他来讲似乎并不痛苦。这虽然可以说是他最为自然的举动，可在他人看来，却又会理解为对其自由的一种束缚。

三　走上“画贩子”生涯

我在上一段中突然插叙了石涛壮年时代的行事，接下来请容我继续观察他少时所为。毕竟，若能理解他少年时代的心境，之后的一切问题大多都能迎刃而解。只是我所作的，或许只是一种缺乏证据的推断。

免于连坐其父之灾的石涛，此后被带到了广西省桂林的民间，由族人养育，应该接受了足够的教育。他“清湘老人”的号所指的湘水便是经过桂林流往湖南省的大河，过去当地也有名为清湘的县城。这恐怕便是石涛所最为难忘的风物了吧。他自称十四岁时开始学习画兰，此后随着画艺渐高，其作为一个在广西这样的穷乡僻壤非常难得的画家，声名也就越来越高了。

我们并不清楚石涛于何时出家。这恐怕与其离开广西、放浪于江湖中的生活有关。以常识而论，出家本身不关乎对清廷的抵抗，而应该只是为了放浪生活的方便。成为一名行脚僧便意味着能够居住在其到过的每一处寺庙里，而当厌倦了简易的生活时，又能随时赚取糊口之资。虽说身为比丘，不得不遵守戒律，可其中酒戒一条，石涛却亦可偶尔不遵守。

以我个人的见解，中国社会到了明末，关于其经济文化的情报数量有了一个急遽的增长。民间也成立有各种负责情报收集、传递的机构，印刷物的传播极为迅捷，而人本身的往来更是非常方便。也正因此，徐霞客才得以完成对国内名山大川的巡礼——这位大旅行家差不多正好在石涛出生时去世。

康熙元年（1662 年），石涛去往南京，师从旅月禅师，这位禅师曾使康熙帝之父顺治帝皈依佛教。而后，石涛辗转移居宣城，在此度过了十年光阴，饱览其左近的黄山风光，深深为之吸引。在此后的岁月里，石涛屡屡造访黄山，留下了许多写生。

康熙二十六年（1687 年），石涛移居扬州。此后，除了曾滞留北京数年之外，他绝大部分的生涯都在扬州度过。他选择扬州的理由无非是从此时起，他已成为一名职业画家，需以画养家，而扬州对于画家来说，无疑是最为宜居之地。此地是中国最大的食盐集散地，以当时最顶尖的资本家——盐商为首，聚集了各种工商业、运送业的劳动者，各种新兴风气在此产生，很快凌驾于附近的名都苏州之上。而在此地的新兴“布尔乔亚”中，新兴画家的作品同样也很受欢迎。石涛所加入的，便是这样的一个圈子。

而当时君临中国画坛的，却是以苏州为中心的正统派或者叫吴派。其中心便是上文所说的“四王吴恽”，他们个个出身高贵，具有优秀的教养和才能，几乎无可挑剔。其中最年长的王时敏是明代宰相王锡爵之孙，而王时敏之孙则又是“四王”中的王原祁。王鉴则是明代大儒王世贞的曾孙，另一位王翚则是王鉴的门人。吴历是王时敏的门人，而恽寿平又是王翚的亲友。可以说，以上的“四王吴恽”都是来自同一个艺术“沙龙”的，而这个沙龙的创始者，是明末的董其昌。

董其昌是南画理论的集大成者，也开创了一种传统。这种传统简而言之，便是主张绘画需达到古人之笔意。特别是元四家的笔意，作为一种究极的理想，若是能烂熟其笔意，使之成为自家药笼中物般，那么才可以继续上溯唐宋古人的画法，继而拥有能够自行创作之力。吴派的背后，存在着数百年来中国画坛所积蓄的精髓，而固守这种精髓的董其昌，又运用了新理论来武装这种理念。所以吴派的绘画便成为一种了无破绽的坚固建筑。不过，尽管每一幅画都是存在着万物的小宇宙，可将这些画并列放置之时，却只会因其内容上的重复而感到陈腐。他们的教养，至多也不过是茶道的教养。他们的美感，亦至多只是盆栽的美感。在他们的画中，是绝没有运动场上的轻快和野外花草怒放的朴素之美的。通过古人的镜头来观察自然，大抵不过如此。

与之相反的便是石涛那以自己的眼睛观察自然的态度。直接用画笔描绘自己的所感，这便是他的画道。而他所标举的旗帜，大致便是："夫画者，从于心者也。"[1]

董其昌则说：

> 画平远，师赵大年（令穰）。重山叠嶂，师江贯道（参）。皴法，用董源麻皮皴及《潇湘图》点子皴。树用北苑（董源）、子昂（赵孟頫）二家法。石法用大李将军（李思训）《秋江待渡图》及郭忠恕《雪景》。李成画法，有小幅水墨，及着色青绿，俱宜宗之。集其大成，自出机轴。再四五年，文（徵明）、沈（周）二君不能独步吾吴矣。[2]

若需如董其昌所说的这般学习古人笔意，恐怕必须有能够直接接触真迹的机会才行。而这对于贵族沙龙以外的人来说，根本是不可能的。吴派就是这样一群身处封闭社会顶端的特权画家。

这些大家的画作亦不会出现在市场上，其画作在形式上均属于非卖品。不过事实上，他们的画作又多以润笔的形式事先暗中支付过。这些买家亦多为公卿贵族，费用亦绝不低廉。然而，这种买卖方法，似乎也只适用于拥有高宅广厦，豢养着专门负责会计的仆人的名门大族吧。

---

① 石涛《苦瓜和尚画语录》。

② 董其昌《画禅室随笔》卷二"画诀"。

对石涛来说，恐怕大多数时候他只能自画自销，这对身为庶民的顾客并不是坏事，却也会因此被冠以“画贩子”的恶名。想来石涛当时的情况，和今日巴黎蒙玛特小丘广场（Place du Tertre Montmartre）[1]上的画家有所类似，在为顾客画完画之后即刻能够领到酬劳。虽说身兼画家和画贩二职有些不体面，可说到底，恐怕并不存在不卖画的画家，石涛和吴派之间所存在的区别，只不过是卖画方法上的。

艺术家也是凡人。凡人都有获取生活之资粮的必要。这里的资粮——说得直接一点即金钱——不单单是为了供养肉体，更是为了获得再生产、再创造所需要的教养和行历。而为了获得这种必不可少的金钱，以其作品来交换无疑是当然之事。在传统的贵族主义者眼中，这或许是一种缺乏“感情”的堕落，从画家沦落为画匠和画工，与身兼诗人和知识分子的行止相冲突。而事实上，也一直存在着对石涛的这种批评。据石涛传记所言：“虽谤言盈耳，勿顾也。”[2]即便号称“不顾谤言”，也只是指大多数情况下吧。完成自己以为必要之事，却遭致物议的骚然，大抵是所有先驱者难以避免的命运。

在石涛之后，代表了新时代之风气的是扬州八怪中的郑板桥（1693—1765年）。他既对石涛非常尊敬，其卖画的方式也和石涛类似。且他又更进一步，将其润格予以公开：大幅六两、中幅四两、小幅二两，明言其比起礼物来，更喜欢

① 巴黎著名景点，聚集了许多街头画家。（译者注）

② 陈鼎《留溪外传》卷十八《瞎尊者传》。

现银。[1]

卖画绝非可耻之事。即便莫迪里阿尼（Modigliani）[2]为了五法郎的咖啡而卖出自己的素描，也不会影响其作品真正的价值——向使这幅素描流传至今，一定也会卖出数万法郎的高价吧。也正因为可以通过贩卖自己的作品而生活，艺术家才拥有了独立的人格。当然，在早期奉行此道的艺术家，是需要具备一定觉悟的。

而有了靠卖画为生的觉悟之后，接下来的问题便是：这幅画究竟有没有被卖的价值。诚然，顾客依照一定的价格买画这一点并没有任何法律问题，不过就作为艺术家的作者突然转换成了具有一定社会性的职业匠人这一立场上来讲，却是不得不对自身作品的商业价值——及其真正价值有一定自信的。当然，凡是艺术家，都会对自己的作品拥有百分之百的自信，以为他们所画是毫无缺陷且堪称绝妙的商品，而如果事实果真如此，那么恐怕绝大多数的画家都可以避免最后穷困潦倒、行将饿死的结局了吧。将卖画换成卖文，情况亦是如此。

现今所确定的石涛画作大约有六百幅，这个数字无疑有些庞大，而其中亦充斥着不少粗制滥造之庸作。这一事实却是可以用我上文所言加以解释的。艺术家不可能一直创作杰作，

---

[1]《清朝野史大观》卷十《郑板桥笔榜》。

[2] 亚美迪欧·莫迪里阿尼（Amedeo Modigliani，1884—1920 年），意大利表现主义画家与雕塑家。（译者注）

且就其一生来说，创作的庸作大抵是占了很大一部分的。正所谓只有以大量的庸作为基石，才能出现位于其作品顶端的杰作。是以庸作并不能影响艺术家本身的价值，而只关乎当时的艺术家是如何将这幅庸作卖与他人。当然，石涛作品中的这一问题，今日的我们已无从得知。

职业艺术家尚须考虑另一个实际问题。今天的艺术作品中，用于展览、永久保存、乡间巡回等用途的作品泾渭分明。换而言之，即艺术家的创作态度随着其作品的预期用途而改变。对独具慧眼的鉴赏家自当报以良心之作，对只追求名家落款的则不免敷衍了事。后一种作品虽在后世或许会经名家递藏，然而对当时的艺术家来说却已是无关痛痒。只是这样的交易对双方而言都算不上是最好罢了。

同样，下一个问题便是：艺术家既然有创作优秀作品的使命，那么对其私德究竟应不应该有所要求。艺术创作需要资金、闲暇甚至眼福。为此则必须寻找金主（patron）予以赞助。而这种行为，大抵又会导致作者之品性在一定程度上的堕落。后人既然预设艺术家必须廉洁清贫，那么这种情况也就会引起人们对艺术家的苛评。对此我想说的是，艺术家的人格只存在于其作品中，如果需要描绘其作品以外的人格，就请去询问孔子大人吧。然而，世上的一般人却往往从创作者的行为上——而非作品中——去想象其人格优劣，再根据想象出的人格，对其作品进行评骘。就好比因为“人品”的关系，乃木将军[1]的书法胜于贯名海屋[2]一样。

我们已无从考察石涛在扬州时期出入盐商沙龙的行迹。不过他曾接近满洲达官博尔都，又很可能因其推荐而得以谒见康熙帝，恐怕这一点便是他招致后人非议的最大理由。然而如果这件事在石涛认为对其生活、艺术非常必要的话，我以为那些没有利害关系的第三者，是无须容喙的。恐怕正是为了应对旁人的非难，石涛才选择了“瞎尊者”这个别号。当有人问及“瞎尊者”的含义时，他如是回答：“吾目自异，遇阿堵则盲然，不若世人了了，非瞎而何？”[3]这可谓是一种带有讽刺意味的自嘲，从中亦能够体会到他为世人所不理解之处。而此语或亦是一种对当时世上流传的自己之“庸作”所作出的辩解吧。据我上文所作的解释，对曾经留下过辉煌杰作的画家来讲，其庸作亦绝非毫无价值，或许是一把用以理解其杰作的钥匙，亦未可知。

石涛的生年到底还有个确切范围，可其卒年却根本无从推定，大体上应该位于十八世纪初。

通观他的创作态度和艺术理念之外的生活信念，可以说

---

① 指乃木希典（1849—1912 年），日本明治时期陆军大将。曾参与甲午战争和日俄战争，因在日俄战争中罔顾士兵生命也要取得胜利的行为曾在当时颇遭人诟病。不过他在明治天皇病逝后，与其妻双双“殉国”的行为，又使他在日本帝国主义时期被奉为“道德典范”。（译者注）

② 指贯名菘翁（1778—1863 年），日本江户末期著名书画家，以其号“海屋”行世。为“幕末三笔”之一，又被称为“近世第一能书家”。（译者注）

③ 前引《瞎尊者传》。

都远远地走在了他所处的时代之前。因此，虽其生时并不受欢迎，但在三百年后的今天，其真正的价值总算得到了认定。

他曾在所画的《睡牛图》上题道："牛睡我不睡，我睡牛不睡。"起初，看似将世人比作了睡牛，或是出于他对自己为世人所忽视的一种愤怒，而之后却又将"我"和"牛"的立场对调了过来，或许这头睡不着的牛指的是将其画出来的作者本人。而石涛，抑或便是这头在世人沉睡之时沉默前进着的老牛吧。

原始出处

第一编　大帝与名君

秦始皇

《世界传记大事典　日本・朝鲜・中国编》3，ほるぷ出版，1978年7月

汉武帝

《世界传记大事典　日本・朝鲜・中国编》4，ほるぷ出版，1978年7月

隋炀帝

《世界传记大事典　日本・朝鲜・中国编》5，ほるぷ出版，1978年7月

清康熙帝

《月刊百科》第一三二号，1973 年 9 月，“一枚肖像·其中的虚实”一栏

清雍正帝

《世界传记大事典　日本·朝鲜·中国编》5，ほるぷ出版，1978 年 7 月

第二编　乱世的宰相

李斯

《世界传记大事典　日本·朝鲜·中国编》5，ほるぷ出版，1978 年 7 月

冯道与汪兆铭

《东洋时论》第二卷第二号，1960 年 2 月

南宋末的宰相贾似道

《东洋史研究》第六卷第三号，1941 年 5 月

第三编　资本家与地方官

五代史上的军阀资本家——以晋阳李氏为例

《人文科学》第二卷第四号，1948 年 7 月，附注执笔于 1962 年 7 月

宋江是两个人吗？

《东方学》第三十四辑，1967 年 6 月

蓝鼎元（《鹿洲公案》发端）

《鹿洲学案》，东洋文库 92，1967 年 6 月

第四编　儒家与文人

孔子

《世界传记大事典　日本・朝鲜・中国编》2，ほるぷ出版，1978 年 7 月

朱子及其书迹

《书道全集》第十六卷，中国・宋 II，平凡社，1955 年 8 月

张溥及其时代——明末一介乡绅的生涯

《东洋史研究》第三十三卷第三号，1974 年 12 月

石涛小传

《文人画粹编》第八卷《石涛》，1976 年 10 月

解　说

文 / 砺波护

东洋史学家宫崎市定（1901—1995 年）在满九十岁时，于岩波书店刊行了其《宫崎市定全集》（全二十四卷，又附录一卷，合计二十五册）。根据全集的通例，并不收录为辞典所撰写的条目。不过我却以为，这些条目对于考察宫崎先生之学风着实难以割舍，而且先生为ほるぷ出版社于 1978 年刊行的《世界传记大事典　日本·朝鲜·中国编》所撰写的“孔子”“秦始皇”“汉武帝”“隋炀帝”“雍正帝”“李斯”等长篇条目，是可以与先生的《隋炀帝》《雍正帝》等专著，以及《东洋史上孔子的位置》《读〈史记·李斯列传〉》等学术论文互相参照的，所以便借此机会，向大家做一个简单的介绍。

这部《世界传记大事典》，自编辑委员长桑原武夫以下八位编辑委员，均为京都大学人文科学研究所的老校友和现役教员，作为其中一员，我也撰写了其中“武则天”“冯道”和“柳宗元”三个条目。从本书出版后的内容简介来看，本书是“鲜活地叙述了历史人物的人生，对其时代背景和人际关系进行探究的传记事典”“收入的人物均配以平均四千字左右的解说”。本书的首印包括其中“日本·朝鲜·中国编”（含索引）的五卷，而包括“世界编”和总索引的增订本亦已在出版计划之中。而现在，因为时机成熟，我便在曾经出版过《隋炀帝》和《雍正帝》二书的中公文库，编集了有先生为上述《事典》所撰写的六篇条目在内的评传集《中国史上的名君与宰相》[1]一书，自己亦感到非常荣幸。

研究某一国家的某一段历史之际，对其国当时整个社会层面的关心和对其时代中人具体生涯的关心，无疑是两种完全不同的研究方向。不过，宫崎市定在前者的范畴中，既有对古代都市国家论、科举、九品官人法、官吏采用制度以及从社会经济史角度补强宋代近世说的优秀研究；其在京都大学的毕业论文《南宋末的宰相贾似道》以下，又有作为他代表作之一的《雍正帝》，而在先生七十五岁之后，更热衷于撰写明末清初的文人张溥和石涛的评传。在前述的后一种研究方向中，先生同样倾注了极大的关心。

集录有长短十四篇文章的《中国史上的名君与宰相》，由“大帝与名君”“乱世宰相”“资本家与地方官”“儒家与文人”

① 本书日版原书名为《中国史上的名君与宰相》。（编者注）

四部分构成，每一部分中的各篇文章按照其所论述人物的年代排列。而关于书名，其中“宰相”一词大抵不用多说，在此谨就“名君”一词做一番解释。

所谓名君，指的是优秀的君主。而我在论述宫崎先生的名君论之际，更不免想到当年的某次学会。1966 年 11 月 3 日于京都大学法经教室举办的东洋史谈话会上，来自东京大学东洋文化研究所的石田米子曾经做过关于太平天国的历史性地位的报告，并以此报告为基础，于翌年在《东洋文化研究所纪要》第四十三册上刊载了题为《关于太平天国历史性地位的诸问题》的论文。其文以为，关于日本的太平天国研究现状，以对研究对象的态度和叙述方式可以划分为三种研究方式。第一种研究方式的研究对象并非中国本身而是生活于其间的国民，且对后者抱有一定程度上的同情，又以实证主义为方法，是传统东洋史学界最具信用和权威的方式，其代表学者为和田清以及市古宙三。第二种研究方式则属于对中国的旧体制存有某种爱好的流派，其代表研究者便是于 1965 年发表过《关于太平天国的性质》的宫崎先生。第三种方式则是对旧体制不甚关心，而对民众自我解放之努力抱以心灵上之共感的研究流派，其代表人物包括野原四郎、增井经夫，又为小岛晋治所发扬光大。

而石田的报告中，对宫崎先生对研究对象的态度和叙述风格甚感兴趣，并列举了先生在 1950 年刊行于岩波新书的《雍正帝》（此书于先生去世之翌年于中公文库刊行了同名的增补版）一书为例：

> 将受到历史条件制约的雍正帝之“悲剧”，以一种非常优美的方式描绘出来，可见所谓雍正帝的理想，其实便是宫崎氏的理想的投影吧。宫崎氏对中国王朝的统治方式存有一种理想，并在此书中将之优美地描绘而出。又将为了这一“理想”而苦斗的统治者如雍正帝之流作为一位“名君”的美德予以抉发，对于心境拥有深刻的共感。也正因为如此，宫崎氏的行文既能吸引读者的兴趣，比起那些站在异世界旁观者的角度进行说明的论文来说，无疑又更具说服力……在这一点上，他和前一类的研究者有着极大的差别。

而当石田的报告结束之后，坐在教室最后排的宫崎先生站起身来，通报了自己的名号之后又叙述了一番对此报告的感想。关于先生的感想，石田后来的论文是这样说的：

> 宫崎市定氏自身的观点与我不同，他以为，我报告中将他视为旧体制的热爱者的观点是一种误解，而他对太平天国也好、旧体制也好，都是持有非常冷静而学术化的视角的，如果按照我报告中的划分，他应该身居第一类研究者才是。而只有在理解了这一点的基础上，方能理解他的“名君”论和近世史论以及太平天国研究之

间的关系。

接下来对本书所收的其他诸文做一番书志学上的介绍。“资本家与地方官”一编中所收的《蓝鼎元（〈鹿洲公案〉发端）》一文，乃是将平凡社东洋文库第92种所收蓝鼎元著、宫崎市定译的《鹿洲公案》一书卷首前言中“鹿洲公案发端——若事实真是如此便好了”一节节选而出的，该前言中的剩余部分“鹿洲公案——事实的部分”则基本上都是对原书的翻译，未作选录。又，本书末“儒家与文人”中《石涛小传》一文，原题《瞎尊者小传》，收录于中央公论社《文人画粹编》第八卷《石涛》的卷首。其中的“瞎尊者”，是石涛的别名。

宫崎先生自八十五岁以后，开始了将司马迁人物论的集大成之作《史记》中七十卷列传进行全译的工作。然而，随着之后先生全集的出版，不得不将主要精力放在撰写全集各卷卷末自跋之上，以至于其遗稿之中，只留下了列传第十八《春申君列传》之前的译文。而这一新译，加上先生对《史记》的相关论文，经我编辑之后，已以《史记列传抄》为题在今年春天于国书刊行会出版了。该书的装订和本书《中国史上的名君与宰相》的封面和装订一样，均由间村俊一氏担当。前者的封面，使用的是山东武氏祠所存三层画像石的拓本中第二层，描绘的是荆轲刺秦王的场面。而本书则使用了1852年官板书籍发行所翻刻的官版《帝鉴图说》卷五所收秦始皇接受李斯的建议实行“坑儒焚书”的场面。所谓“坑儒焚书”，即一般所说的“焚书坑儒”。所谓“官版”，即江户时代汤岛的昌平坂学问所托书店版刻的书籍。而《帝鉴图说》，则是十六世纪末明代内阁首辅张居正和吕调阳所著图说中国史一类的书籍。

2011 年 9 月 28 日

（解说作者为京都大学名誉教授）

“我对普通人类没有兴趣”

——《宫崎市定人物论》译后记

宫崎市定先生于 1967 年谈及自己早年访问中国之经历时曾感慨：

> 在各色人等一应俱全的中国，国民们普遍拥有相当高的鉴赏人物之眼力。他们绝少仅根据表面就做出评价，而是通过对象的内部进行一种立体的观察。在这点上，日本人与之相比，仅仅只是旧制高校生的水准罢了。
>
> 我自己同时具有旧制高校生和高校教授的经历。从教授的立场上，其所见无疑和从学生立场上所见之人物观完全不同。在学生看来如仙人和偶像一般值得尊敬的教授，反过来很可能只是个物欲颇深的悭吝之人，能淡然地将办公室里公用的茶叶带回家去，而这些却是学生所永远不知道的。如此这般一无所知的学生一旦进入社

会，若不进一步地学习，则其人物观恐怕也永远不会进步吧。(《中国的人物与日本的人物》，载《宫崎市定全集》第二十二卷)

而本书中所收诸篇先生以人物为对象的文章，亦如先生上文所言，是进行了一种“立体”式的观察的。如其中对贾似道的专论和为石涛所作之小传，都在一定程度上推翻了此前世人对其人之扁平化的理解。

事实上，宫崎先生对人物的关心由来已久。据李庆先生《日本汉学史》所言，宫崎先生早年对中国和欧亚其他国家都进行过实地考察，从本书《张溥及其时代》一文中亦可窥见先生对“记者”这一职业的兴趣，而记者与历史学家的重合之处便是对人物的观察。另一方面，先生自少及老，在《史记》这本以人物为核心的纪传体通史上曾抛掷过绝大的心力。据本书编者砺波护先生的解说，宫崎先生一生最后的工作，便是《史记》列传的日译。诚如《解说》中间接引用宫崎先生自述之语，先生一生虽在东洋史的宏观建构、世界史的时代划分和中国古代制度史研究上有伟大的贡献，然而先生所深为同情的，却并非旧制度，而是旧制度中呈现出复杂性格的个人。从这个意义上来说，宫崎市定先生首先是作为一个善于并喜欢观察复杂人性的学者，然后才选择了可以大量接触《史记》等以人物为中心的史料之东洋史学为自己研究对象的。先生研究科举制度和九品官人法，亦非徒为了制度本身，而是为了给自己对那个时代的个人研究提供一种背景。而史学中较少反映“人物观”者，如天文史地等，却是先生所不多措意的。当然，先生所作的研究，如先生自述，是非常冷静而客观的。先生虽对《史记》非常推崇，可是对其中所载史事的来源和可信度，却又是作过非常严格的批判的。从本书所收李斯与孔子二文可以看出这点。陈寅恪先生序杨树达先生《论语疏证》，尝谓：“盖孔子说世间法，故儒教经典必用史学考据，即实事求是之法治之。”可见宫崎先生的个人旨趣，本身与以实事求是之态度深究世间人物的东洋之史学考据是有所冥合的。经过砺波护先生精心选编的本书，亦是了解宫崎东洋史学的绝好窗口，与先前引进的《宫崎市定中国史》一书对读，颇能想见先生构建其东洋史宏观体系的过程。

不过，在以文献及其所反映之事实为基础、对复杂人物的探究这两大原则支配下的宫崎史学，是不得不以传统东洋之王侯将相为考察中心的。《史记》以下的诸多纪传体正史自不用说，宫崎先生所倡导的对复杂人性之观察，同样是建立在多种文献的排比考证之上，而能拥有众多来源、褒贬不同的传记的传主，亦自然是在传统史学观念上的“大人物”。先生著作中多有关注“名君”如隋炀帝、雍正帝，恐怕正因如此。先生在本书所收诸文中，曾不止一次地表示了他对新近唯物史观的不满，以为后者不以文献为根底，其观点偏颇，只能照见隅隙。其实唯物史观所关注的古代一般人乃至古代社会本身，既与宫崎先生的旨趣不甚相合，而其研究对象多为传统史料所不载，学者在考察时，是不得不加以阐释的，而这两点正适足为宫崎先生所深文。反过来说，司马迁在《史记·伯夷列传》传末所言：

> 伯夷、叔齐虽贤，得夫子而名益彰。颜渊虽笃学，附骥尾而行益显。岩穴之士，趋舍有时若此，类名湮灭而不称，悲夫！闾巷之人，欲砥行立名者，非附青云之士，恶能施于后世哉？

其实正道明了以人物为中心之传统史学的特质。按“世间法”来讲，“小人物”肯定是文献不足征的，可这些史料阙载的小人物之平生性格，本应与“青云之士”同等复杂才是。而考验司马迁以下传统史学家治学技艺的标准，也就变成了如何优游于少量史料之间，用以揭示并表彰那些为正史所不载的人物。从这一点上来说，在本书中“对普通人类没有兴趣”的宫崎市定先生，虽然位于传统史学的延长线上，却又与后者有着今古之别。这种区别，恐怕只能用先生对整个东洋史学的学科构建上的用心来解释。出于对人物的热情，在整体上论述整个旧制度的结构，宫崎史学的这种风貌，其实和唯物史观是同样属于非传统史学的。

最后谈一下我译本书的相关问题。先生行文多有古奥难解之处，且其引文和体例亦属于过往时代的规范，与今日所行者不同。翻译之时，颇有力不从心之叹，能按时交稿，已属意外。译稿虽屡经查证删改，必仍存有许多错误，只能留待方家指正。而在此亦需感谢本书编辑杨海泉老师的细心审校。近年来，以宫崎史学为代表的大量日本汉学著作得以引进，相信对吾国文史学界不无裨益。忝列此中，想来也算是附其骥尾，让我倍感荣幸。

林千早

2017 年 11 月 15 日

图书在版编目（C I P）数据

宫崎市定人物论 /（日）宫崎市定著；（日）砺波护编；林千早译. --杭州：浙江人民出版社，2018.4
ISBN 978-7-213-08651-9

Ⅰ.①宫… Ⅱ.①宫… ②砺… ③林… Ⅲ.①历史人物－人物研究－中国 Ⅳ.①K820

中国版本图书馆CIP数据核字（2018）第028066号

浙江省版权局
著作权合同登记章
图字：11-2018-61号

宫崎市定人物论

〔日〕宫崎市定　著；〔日〕砺波护　编；林千早　译

出版发行　浙江人民出版社（杭州市体育场路347号　邮编310006）
责任编辑　张世琼
责任校对　姚建国
整体设计　水玉银文化
内文排版　书情文化
印　　刷　河北鹏润印刷有限公司
开　　本　880毫米×1230毫米　1/32
印　　张　9
字　　数　180千字
版　　次　2018年4月第1版
印　　次　2018年4月第1次印刷
书　　号　ISBN 978-7-213-08651-9
定　　价　59.00元

如发现图书质量问题，可联系调换。质量投诉电话：010-82069336